# Ist Männlichkeit toxisch?

Andrew Smiler

# Ist Männlichkeit toxisch?

## Große Fragen des 21. Jahrhunderts

Über 200 Abbildungen

Herausgeber:
Matthew Taylor

Inhalt

Einleitung

A

Wie definieren wir heute Männlichkeit und damit verbundene Verhaltensweisen und Rollenmuster? Was wir unter Männlichkeit verstehen, hat sich im Laufe der Epochen verändert, Gewichtungen haben sich verschoben, doch einige Merkmale sind seit prähistorischer Zeit dieselben. Und was bedeutet »toxisch«? Inwiefern und für wen kann Männlichkeit schädlich sein?

Bis vor Kurzem ordnete man Männern und Frauen in den meisten Gesellschaften verschiedene Wesenseigenschaften und, daraus abgeleitet, verschiedene oder gegensätzliche Rollen zu. Männer erhielten dabei in der sozialen Gruppe immer eine dominante Stellung.

# Die Wissenschaft ging davon aus, das Geschlecht sei **durch die Biologie bestimmt**. Heute denken viele, dass Männlichkeit und Weiblichkeit eher ein **soziales Konstrukt** sind.

Fest steht, Genderidentitäten und Genderbeziehungen können stark durch Menschen beeinflusst werden. Frühere und heutige Gesellschaften haben gezeigt, dass weder männliche Dominanz noch festgeschriebene Unterschiede zwischen Mann und Frau für das menschliche Leben notwendig sind. Andererseits lassen sich Gene und Umweltbedingungen nicht trennen. Gene setzen sich durch, wenn sie in einer Umgebung bessere Überlebenschancen bieten. Charles Darwin (1809–1882) nannte diesen Prozess natürliche Auslese. Wenn wir nun ein gesellschaftliches Ideal für Männer oder Frauen finden wollten, scheint es dann nicht sinnvoll, von vorhandenen Merkmalen auszugehen, beispielsweise der Tatsache, dass Männer meist körperlich größer und kräftiger sind als Frauen?

**Durch die Biologie bestimmt**
Die Ansicht, ein abstrakter Begriff wie Maskulinität beruhe ausschließlich auf biologischen Faktoren, zu denen auch die Evolution zählt.

**Soziales Konstrukt** Die Ansicht, ein abstrakter Begriff wie Maskulinität werde vorwiegend oder sogar ausschließlich durch die Gesellschaft oder Kultur definiert.

A  Ein Teilnehmer des Tough Guy Race, das jährlich in der Nähe der englischen Stadt Wolverhampton stattfindet, läuft durch Flammen. Auf der 13 Kilometer langen Strecke, die auch »Killing Fields« genannt wird, müssen die Teilnehmer bis zu 300 Hindernisse überwinden, darunter Feuer, Wasser und Tunnel, teilweise bei eisigen Temperaturen.

B  Beim Tough Guy Race klettern Tausende von Teilnehmern über ein zwölf Meter hohes Holzgerüst, genannt »The Tiger«, kriechen unter Elektrozäunen durch und robben unter Stacheldraht durch Schlamm und Wasser. Wer ins Ziel kommt, hat bewiesen, dass er das Klischeebild vom »harten Kerl« vollumfänglich erfüllt.

B

A

Männlichkeit ist eine Vorstellung,
man könnte sie auch als **Ideologie**
oder Denkmodell bezeichnen.
Vorstelllungen können von jedem
auf seine Weise interpretiert oder
ausgelebt werden.

Wir sprechen auch von männlichen **Eigenschaften**, beispielsweise Mut oder Entschlossenheit, die jeder von uns in unterschied-
lichem Maße besitzt, oder über »typisch«
männliche Aktivitäten wie Sport. Maskuline
Ideologien, Eigenschaften und Aktivitäten
sind aber nicht Männern vorbehalten. Auch
Frauen können solchen Denkmodellen anhängen, solche Merkmale besitzen oder solchen

Aktivitäten nachgehen. Als maskulin gelten sie nur, weil die Kultur vorgibt, dass sie für Männer und Jungen besonders passend oder wünschenswert sind.

Sport ist ein gutes Beispiel. Traditionell betrachtet die Gesellschaft Sport als Männersache. Jungen werden ermutigt, Sport zu treiben, ihre Leistungsfähigkeit zu steigern und Wettkampfgeist zu entwickeln. Es ist aber nicht der Sport an sich, der Mädchen und Frauen daran hindert, ihn auszuüben, athletisch und wettkampforientiert zu sein, eine bestimmte Mannschaft zu unterstützen oder Sportveranstaltungen zu besuchen.

# Die Frage lautet daher nicht »Was heißt es männlich zu sein?«, sondern »Was bedeutet es, ein Mann zu sein?«

A  Der Marlboro-Mann der Werbekampagnen zwischen 1954 und 1999 war eine klischeehafte Verkörperung von Maskulinität. Er stand für Zähigkeit, Unabhängigkeit und ein selbstbestimmtes Leben in der Natur. Die Figur stellte Rauchen als Ausdruck von Männlichkeit dar.

B  Heather Hardy (mit weißen Handschuhen) schlägt Shelly Vincent und gewinnt den Titel im Federgewicht (Madison Square Garden, New York, Oktober 2018). Frauen sind seit dem frühen 18. Jahrhundert im Boxsport aktiv, haben aber seit jeher Mühe, in gleichem Maße Anerkennung und Sponsoren zu finden wie Männer.

B

A

Bis heute wird Männern in den meisten Gesellschaften die Rolle des Jägers und Kriegers zugewiesen. Männer besetzen Machtpositionen und üben Autorität aus. Vor allem für Männer mit hohem Status gelten strenge Verhaltensregeln, die auch Begriffe wie Ehre und Verantwortung einschließen.

Für den europäischen Landadel des 16. und 17. Jahrhunderts entsprach das Männerbild etwa dem des guten Hirten: Jemand, der sich um das Land und das Vieh kümmert, gut für seine Familie sorgt, seine Bediensteten gut behandelt und in moralischer Hinsicht ein Vorbild ist. All das wird manchmal unter dem Schlagwort *noblesse oblige* (Adel verpflichtet) zusammengefasst. Auch gute Manieren gehören zu diesem Bild.

B

A Kadetten der Royal
Military Academy (Sand-
hurst, England) nehmen
Aufstellung für die
Souvereign's Parade, die
2017 von Prince Harry
abgenommen wurde.
B Soldaten des britischen
Mercian Regiments
brechen bei schlechtem
Wetter in Malgir in der
afghanischen Provinz
Helmand zu einer Opera-
tion auf (2009).

Aus dieser Definition von Männlichkeit hat sich das entwickelt, was
wir heute vielleicht als Patriarchen
bezeichnen würden: Das männliche
Oberhaupt einer großen Familie, das
über alle Mitglieder – Frauen und
jüngere Männer – bestimmt.

Militärische Fähigkeiten oder zumindest die Bereitschaft, das Land zu
verteidigen, wurden von Adligen erwartet. Normalerweise waren adlige
Männer Offiziere und übten Befehlsgewalt aus. Ihre Pferde und deren
Zustand gaben Auskunft über ihren Wohlstand, bei Rittern war es die
Rüstung. Ihr Moral- und Verhaltenskodex beinhaltete auch, Bedürftige
zu schützen und ihnen zu helfen. Dieses Ethos steckt in dem bis heute
verwendeten Begriff »Ritterlichkeit«.

Heute verbinden nur wenige Menschen den
Begriff Männlichkeit mit dem Bild des guten
Hirten. Das militärische Bild dürfte weitaus
häufiger vertreten sein. Aber was genau ist
damit gemeint? Sind es die Offiziere, die ein
ganzes Bataillon befehligen, oder die einfachen
Soldaten, die täglich im Kampf ihr Leben aufs
Spiel setzen?

A

Heute sind es Männer mit Mut und starken Führungs- qualitäten, die soziale Grup- pen beherrschen und Macht über andere ausüben – die Alphamänner. Auch der Selfmademan kann hohes Ansehen erreichen.

Daneben gibt es »weichere« Formen der Männlichkeit, etwa den sensiblen New-Age-Mann, den Metrosexuellen und den Softboy sowie Variationen aus der Subkultur, beispielsweise den Rebellen oder den Nerd.

**Alphamann** Der dominierende Mann in einer (sozialen) Gruppe.

**Selfmademan** Klischeebild eines Mannes, dem hauptsächlich durch harte Arbeit ein bemerkenswerter sozialer Aufstieg gelungen ist.

**Sensibler New-Age-Mann** Ein Männlichkeitsbild, das in den 1970er-Jahren entstanden ist, charakterisiert durch emotionale Feinfühligkeit, Offenheit für neue Erfahrung und in geringerem Maß Modebewusstsein. Männliche Machtmittel und Gewalt werden von diesem Typus abgelehnt.

**Metrosexuell** Ein Typus, der Wert auf ein gepflegtes und modisches Äußeres legt und danach strebt, »kultiviert« zu sein. Metrosexuelle sind meist heterosexuell, werden aber oft für homosexuell gehalten.

**Softboy** Eine Interpretation von Männlichkeit, die den Feminismus unterstützt und Wert auf emotionale Ausdrucksfähigkeit und Achtsamkeit legt. Sie steht im Gegensatz zum noch immer vorherrschenden Bild vom »harten Kerl«.

# Ansehen und Autorität über andere Männer und Frauen hängen davon ab, welchem Typus ein Mann zugeordnet wird.

Dieses Buch beschäftigt sich zuerst mit der Entwicklung des Männlichkeitsbegriffs. In Kapitel 1 geht es um Eigenschaften, Verhaltensweisen und Rollen, die seit der Frühgeschichte mit der Maskulinität assoziiert werden. Kapitel 2 hinterfragt, ob und wie das heutige Männlichkeitsideal schädlich sein kann, beispielsweise in Bezug auf Sterblichkeit, Gewalt und Machtstrukturen. Hier wird analysiert, warum Männer früher sterben als Frauen, und welche Machtstrukturen einigen Männern Vorteile gegenüber anderen Männern und allen Frauen verschaffen. Kapitel 3 beleuchtet die Frage, ob und wie männliche Eigenschaften sich auf enge zwischenmenschliche Beziehungen auswirken können. In Kapitel 4 geht es um die verschiedenen Mann-Modelle, die heute zur Verfügung stehen, und die Frage, wie sich das Männlichkeitsbild in Zukunft verändern könnte.

A  Der Kapitalismus begünstigt eine konkurrenzorientierte Männlichkeit. Händler an der New Yorker Börse tragen beim Kauf und Verkauf von Aktien hoch riskante Kämpfe aus. Ihre Uniform ist der Businessanzug.

B  Ein metrosexueller Trainer aus Kalifornien gibt einem kleinen Mädchen Ballettunterricht (Nanning, China, 2017). Geduld, Ruhe und Fürsorglichkeit werden normalerweise dem weiblichen Geschlecht zugeordnet.

B

# 1. Die Entwicklung des Männlichkeitsbegriffs

A

Obwohl sich die Vorstellungen über Männlichkeit seit jeher verändert haben, lassen sich drei Grundtypen erkennen, die teilweise über sehr lange Zeiträume vorherrschten. In neuerer Zeit zeichnet sich die Entwicklung eines weiteren Typs ab.

**Ritterlichkeit** Der Verhaltens- und Ehrenkodex der mittelalterlichen Ritter, der sich zwischen 1170 und 1220 entwickelte.

Den ersten Grundtyp könnte man als natürliche Männlichkeit bezeichnen. Er basiert auf biologischen Merkmalen, die männliche und weibliche Verhaltensweisen und Rollen bestimmten. In prähistorischen Jäger-Sammler-Gesellschaften gingen Männer auf die Jagd nach größeren Tieren, denn sie waren größer und stärker. Frauen und Kinder beiderlei Geschlechts blieben eng zusammen und waren für das Sammeln zuständig. Trotz verschiedener Rollen waren diese Gesellschaften egalitär, es gab keine soziale Hierarchie. Der zweite Grundtyp entstand im Zeitalter der Aufklärung im späten 17. Jahrhundert. Jetzt stand Männlichkeit für Macht, Patriarchat und Leidenschaft. Wer diesem Ideal entsprach, nahm in der gesellschaftlichen Hierarchie eine hohe Stellung ein. Im 20. Jahrhundert entwickelte sich mit der Industrialisierung der dritte Grundtyp, der sich durch emotionalen Gleichmut und, befeuert durch den Kapitalismus, Konkurrenzgeist auszeichnete. Dieser dritte Typus herrscht noch heute vor, wurde aber in den letzten 30 Jahren hinterfragt und teilweise dekonstruiert. Allmählich werden mehr Varianten der Männlichkeit akzeptiert, sodass jeder seine eigene Interpretation von Maskulinität entwickeln und leben kann.

Wir finden den ersten Grundtypen in der griechischen und römischen Antike. Damals wurde Männlichkeit durch kriegerische Fähigkeiten wie Kraft, Tapferkeit und Geschick im Umgang mit Waffen definiert. Im antiken Rom, ebenso wie im mittelalterlichen Japan, war es üblich, dass ein Mann, der als Krieger versagt hatte, Selbstmord beging, um der Schande und der öffentlichen Demütigung zu entgehen. Durch Verdienste auf dem Schlachtfeld konnte ein Mann sein gesellschaftliches Ansehen steigern. Die Ehre des Siegers wurde höher bewertet als das Leben selbst.

A Die Miniatur eines Turniers vor dem französischen Königspaar stammt aus dem Werk *Jean de Saintré* (1456) von Antoine de la Sale. Die fiktionale Erzählung handelt von einem Ritter, der 100 Jahre früher gelebt hatte.

B Von Mut und Treue eines Ritters handelt auch das illustrierte Gedicht *Sir Gawain und der Grüne Ritter* (etwa 1375–1400, Autor unbekannt). Das erste Bild zeigt Gawain, der von König Artus enthauptet wird und diesem ankündigt, sich in einem Jahr zu rächen. Das zweite zeigt Gawain, der nach der Gralssuche vor König Artus und Königin Guinevere kniet.

Der Kodex der **Ritterlichkeit** entwickelte sich im mittelalterlichen Europa. Als Vorbild dienten die Ritter im Frankenheer Karls des Großen. Sie waren tapfer und diszipliniert und stellen sich in den Dienst des Heiligen Römischen Reiches. Teilweise leitete sich ihr Ehrbegriff aus dem Konzept *noblesse oblige* ab, demnach privilegierte Adlige moralische Pflichten gegenüber anderen hatten. Ein guter Ritter musste nicht nur mutig sein, sondern auch einen strengen Ehren- und Verhaltenskodex befolgen. Als Adliger trug er Verantwortung. Er war fromm, mutig, höflich, großzügig, loyal und gerecht.

B

Im 17. Jahrhundert begannen die oberen Schichten der europäischen Gesellschaft den damals üblichen Männlichkeitsbegriff zu hinterfragen. Der französische König Ludwig XIV. (1638–1715) wurde zwar durch seine Feldzüge bekannt, interessierte sich aber auch für Kunst und Ballett und liebte raffinierte Kleidung. Während des ganzen 18. Jahrhunderts war eine Feminisierung der Männer hoher Gesellschaftsschichten zu beobachten, die sich vor allem im verspielten Stil des Rokoko zeigte. Auch der Philosoph Jean-Jacques Rousseau (1712–1778) trat dafür ein, dass Männer ihre Emotionen zeigten.

Die Reaktion auf die neue Strömung ließ nicht lange auf sich warten. In der Französischen Revolution (1789) gewannen traditionell männliche Eigenschaften wie Mut, Gelassenheit, Enthaltsamkeit und Pflichtbewusstsein wieder an Bedeutung. Der Revolutionsmaler Jacques-Louis David (1748–1825) stellte diese Qualitäten in seinen Werken dar. In der napoleonischen Ära, die auf die Revolution folgte, wurde das Patriarchat im **Code Napoléon** (Gesetzbuch zum Zivilrecht, 1804) verankert. Dort war die Autorität des männlichen Haushaltsvorstands über Frau und Kinder festgeschrieben, aber auch seine Verantwortung für ihr Wohlergehen und ihr gutes Benehmen. Im Zentrum dieses zweiten Männlichkeitsmodells stand Macht.

A

**Code Napoléon** (1804)
Das erste französische Gesetz zum Zivilrecht in allgemein verständlicher Sprache. Es ersetzte ein Sammelsurium von Gesetzen aus der Feudalzeit durch einen klaren rechtlichen Rahmen.

**Zwei-Sphären-Lehre** Aristoteles (384–322 v. Chr.), Karl Marx (1818–1883), Friedrich Engels (1820–1895) und Alexis de Tocqueville (1805–1859) vertraten die Vorstellung, Männer und Frauen besäßen verschiedene, sich ergänzende Fähigkeiten und hätten darum unterschiedliche Aufgaben zu erfüllen.

B

# Im 19. Jahrhundert definierte sich Männlichkeit hauptsächlich anhand der Zwei-Sphären-Lehre. Diese besagte, dass Männer und Frauen, hauptsächlich aus biologischen Gründen, über unterschiedliche oder gegensätzliche Fähigkeiten verfügen.

A   Die Stiche von Nicolas Arnoult (1687) zeigen Mode am französischen Hof: figurbetonte Mäntel aus bestickter Seide, Spitzenkrawatten, voluminöse Ärmel und zierliche Schuhe mit Absätzen. Ludwig XIV. setzte am Hof eine strenge Kleiderordnung durch. Luxuriöse Stoffe und prunkvolle Details wurden bevorzugt.

B   In seinem Werk *Man-midwifery dissected; or, the obstetric family-instructor* (1793) erläutert Samuel William Fores die unterschiedlichen privaten und öffentlichen Bereiche, die Männern und Frauen zugeordnet wurden.

Zur männlichen Sphäre gehörten Aktivitäten außerhalb des Haushalts, etwa Landwirtschaft und andere Arbeiten, Finanzwesen, Medizin, Recht und Politik. Der weiblichen Sphäre wurde die Versorgung von Haushalt und Kindern zugeordnet, aber auch das emotionale Klima im Haus. Die Frau war zwar für diesen Lebensbereich verantwortlich, doch der Mann hatte stets ein Einspruchsrecht. Damit unterstand auch der Bereich der Frau seiner Macht. 1835 schrieb Alexis de Tocqueville über diese Geschlechtertrennung in den USA, in keinem Land strebe man so sehr danach, die Handlungsbereiche der Geschlechter klar zu trennen. Zwar sorge man dafür, dass sie miteinander Schritt hielten, doch seien ihre Wege dabei getrennt und gänzlich unterschiedlich.

A

Der Zwei-Sphären-Lehre zufolge lag die Macht allein beim Mann – es sei denn, Frau war zufällig Königin. Männer bestimmten über die Landnutzung eines Anwesens ebenso wie über sämtliche Finanzen, ohne der Frau darüber Rechenschaft ablegen zu müssen. Die **Primogenitur** war die übliche Form der Erbfolge, und der älteste Sohn wurde frühzeitig darauf vorbereitet, einmal Rechtsnachfolger seines Vaters zu werden. Frauen durften weder wählen noch Eigentum besitzen (von wenigen Sonderfällen abgesehen) oder studieren.

Einige Ausnahmen waren zugelassen. Witwen von Adelsstand war der Besitz von Land und anderem Eigentum erlaubt. Außerdem wurde Frauen eine angemessene Bildung zugestanden, damit sie zumindest bis zur Heirat rollenkonforme Berufe wie Hausmädchen, Krankenschwester oder Lehrerin ausüben konnten.

**Primogenitur** Form der Erbfolge, die vorsieht, dass der älteste Sohn Alleinerbe und Rechtsnachfolger des Vaters wird.

**Ehrenkultur** Eine Kultur, in der die individuelle Ehre gegen (fast) alle Anfechtungen zu verteidigen ist, ungeachtet der Schwere der Anfechtung.

Zum männlichen Idealbild des 19. Jahrhunderts gehörten hohe moralische Ansprüche, weshalb manchmal von einer **Ehrenkultur** gesprochen wird. Die gesellschaftliche Stellung eines Mannes wurde nicht nur durch seine Klassenzugehörigkeit und seinen Wohlstand definiert, sondern auch durch sein Benehmen, seine Familie, seine engen (männlichen) Freunde und seine Geschäftspartner. Tugendhaftigkeit stand hoch im Kurs, weshalb Angriffe auf den Charakter Grund genug waren, die eigene Ehre (oder die des Angegriffenen) zu verteidigen. Wurden die Anschuldigungen nicht öffentlich widerrufen, folgte meist ein Faustkampf oder ein Duell, wie zwischen den amerikanischen Politikern Alexander Hamilton (1755/57–1804) und Aaron Burr (1756–1836) im Jahre 1804 oder zwischen den französischen Malern Édouard Manet (1832–1883) und Louis Edmond Duranty (1833–1880) im Jahr 1870. Ritualisierte Gewalt diente also zur Beilegung von Streitigkeiten. Von jungen Männern der Oberschicht erwartete man einen geschickten Umgang mit Waffen, um ihre persönliche Ehre zu verteidigen und um im Kriegsfall ihrem Land zu dienen.

In dieser Zeit der Geschlechtertrennung und der eng gefassten Moralvorstellungen wurden Freundschaften zwischen Jungen und Mädchen nur bis zur Pubertät toleriert. Danach betrachtete man sie mit Misstrauen. Mädchen und junge Frauen der Ober- und Mittelschicht wurden stets von einer Anstandsdame begleitet, die sicherstellte, dass an der Tugendhaftigkeit – und damit der Eignung für eine Ehe mit einem Mann von gleichem oder höherem Stand – keine Zweifel aufkamen. Zweifel an der Tugendhaftigkeit seiner Töchter, Schwestern oder Ehefrau stellten für einen Mann eine gravierende Verletzung seiner Ehre dar.

A  Im frühen 19. Jahrhundert war es üblich, dass Mädchen Handarbeiten lernten. Diese Mustertücher mit Motiven wie dem Haus, Garten- und Wildpflanzen sowie heimischen Tieren zeigen, wie eng die Grenzen ihres Lebensbereichs gesteckt waren.

B  Ritualisierte Gewalt war das Mittel, mit dem Männer Angriffen auf ihre Ehre begegneten. Das Bild der Brüder Lesueur aus Paris zeigt ein Duell zwischen Charles de Lameth und dem Marquis de Castries zur Beilegung eines Streits im Jahr 1790.

CHARLES LAMETH.                              MARQUIS DE CASTRIES.

B

**Leidenschaften** spielten in diesem zweiten Männlichkeitsmodell eine wichtige Rolle, vor allem während der Romantik (etwa 1795–1850). Viele Männer hielten Tiere, jagten oder schrieben Gedichte. Große und tiefe Gefühle waren ihnen gestattet, man erwartete sogar von ihnen, dass sie ihre Hoffnungen und Freuden, aber auch ihre Schwierigkeiten und Enttäuschungen zum Ausdruck brachten. Beispiele für die Bandbreite solcher Leidenschaften und die emotionalen Ausdrucksformen finden sich in den Werken romantischer Dichter wie William Wordsworth (1770–1850), John Keats (1795–1821) und Lord Byron (1788–1824).

Obwohl Männer während der Romantik Gefühle wie Stolz, Freude, Enttäuschung oder Bedauern freier ausdrücken konnten als Männer im frühen 20. Jahrhundert, wurde Emotionalität im Geschäftsleben und in der Politik nicht toleriert.

A

B

A The Death of Chatterton (1856) von Henry Wallis zeigt den Suizid des melancholischen Dichters Thomas Chatterton, der sich im Alter von 17 Jahren mit Arsen vergiftete.

B Während des Amerikanischen Bürgerkrieges (1861–1865) ließen sich Soldaten mit ihren Freunden fotografieren. Sie hielten dabei in einem Maß Körperkontakt, das uns heute ungewöhnlich erscheint.

Offen gezeigte Leidenschaft bezog sich auch auf Männerfreundschaften. Es war üblich und wurde geradezu erwartet, dass ein Mann einen besten Freund hatte, mit dem er seine Hoffnungen und Ängste teilte. Männer dieser Zeit hatten keine Hemmungen, von gegenseitiger Liebe zu sprechen. Sie waren sich des Wertes solcher engen Freundschaften durchaus bewusst. Wenn die Intensität verloren zu gehen drohte oder Unstimmigkeiten vorlagen, bemühten sie sich, die Freundschaft wieder ins Lot zu bringen.

Die meisten Männer dieser Zeit sahen ihre Kinder täglich, da sie in der Nähe des Haushalts arbeiteten, beispielsweise als Bauer, Bäcker oder Schmied. Jungen ab zwölf Jahren begleiteten den Vater oft zur Arbeit und führten unter seiner Anleitung oder der anderer Männer einfache Arbeiten aus. So verbrachten Jungen viel Zeit unter Männern. Männer der Oberschicht, die weiter entfernt vom Haushalt arbeiteten, nahmen ihre Söhne mit auf die Jagd oder zu anderen Freizeitaktivitäten. Entsprechend der Normen des zweiten Männlichkeitsmodells legten Väter Wert darauf, dass ihre Söhne einen guten Charakter entwickelten.

Daneben verbrachten Jungen aber auch Zeit unter Frauen. Sie hatten Pflichten im Haushalt, mussten beispielsweise beim Kochen helfen oder sich um jüngere Geschwister kümmern. Obwohl Jungen zwischen sechs und zwölf Jahren die Möglichkeit hatten, den Vater zur Arbeit zu begleiten, geschah dies nicht täglich.

Zum Männlichkeitsideal des 19. Jahrhunderts gehörte es, ehrenhaft zu sein, Leidenschaft zu zeigen, unabhängige Entscheidungen zu treffen und Verantwortung für andere zu übernehmen. An diesen Maßstäben wurden Männer der Oberschicht gemessen. Diese Männer wussten, dass die Gesellschaft sie aufgrund ihrer Entscheidungen und deren Resultate beurteilte, aber auch aufgrund ihres Charakters und des Charakters ihrer Angehörigen. Und da der Erfolg ihres Betriebes und ihrer Geschäfte von anderen abhing, war es für Männer ausgesprochen wichtig, eine gute gesellschaftliche Stellung aufrechtzuerhalten.

A

A Das Porträt von Robert Peckham aus dem Jahr 1838 zeigt Joseph Estabrook Raymond und seine Schwester Anne Elizabeth Raymond im Salon des Familiensitzes Royalston, Massachusetts. Beide tragen lange Hosen und Kleider, das des Jungen ist aber vorn geknöpft. Kleine Jungen verbrachten viel Zeit mit Mutter und Geschwistern. Mit etwa sieben Jahren durften sie Hose und Jacke tragen. Dann beteiligten sich die Väter stärker an der Erziehung ihrer Söhne.

B Väter und Söhne aus dem Landadel konnten gemeinsam die Ländereien durchstreifen. Blenheim Palace in der englischen Grafschaft Oxfordshire wurde zwischen 1705 und 1722 für den Herzog und die Herzogin von Marlborough erbaut. Der ausgedehnte Park wurde 1764 von »Capability« Brown gestaltet. Dieser Plan zeigt Größe und Aufteilung des Anwesens im Jahr 1835.

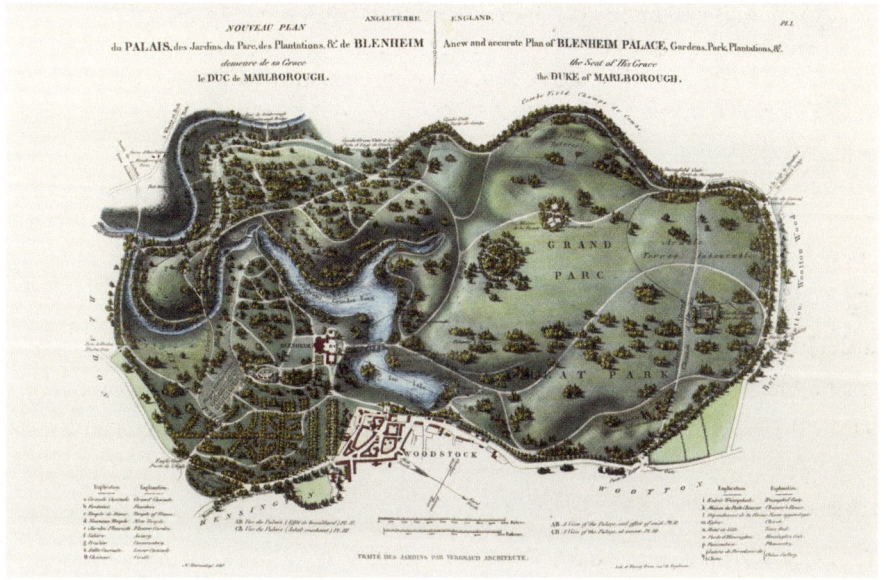

B

Nicht für alle Männer der Oberschicht war es einfach, diesem Männerbild gerecht zu werden, einige scheiterten. Für die unteren Schichten, etwa Kleinbauern, Siedlerfamilien im amerikanischen »Wilden Westen« und viele kleine Händler war dieses Ideal unerreichbar. Wenn die ganze Familie in einem Haus mit nur zwei Räumen lebt (ohne Diener), lassen sich die Aufgaben nicht so strikt trennen. Die Väter mussten sich an der Versorgung und Erziehung der Kinder beteiligen, denn es gab kein Kindermädchen, das einspringen konnte, wenn die Mutter ausfiel. Andererseits arbeiteten Mütter oft im Familienbetrieb mit oder kümmerten sich um die Finanzen des Haushalts.

Männer wurden in dieser Zeit ermutigt, sanfter und gefühlvoller mit Frau und Kindern umzugehen. Theaterstücke und Bücher dieser Zeit präsentierten den gewaltbereiten Vater, der seine Familie mit eiserner Hand regiert, als Schreckensgestalt. Die christlich-evangelikalische Bewegung setzte sich für eine moralische Säuberung der Gesellschaft ein und prangerte Männer für ihre Wollust, Gewalt und Trunksucht an. In sentimentalen Melodramen wurden Frauen oft als Opfer dargestellt. Schon damals bezeichneten Männer ihre Frau als »bessere Hälfte«, ohne jedoch das Macht- und Autoritätsmonopol aus der Hand zu geben.

A

# Das Männlichkeitsverständnis des 19. Jahrhunderts schadete den Männern nicht, schränkte Frauen aber definitiv ein.

Am Ende des 19. Jahrhunderts wandelte sich das Männerbild drastisch. Die **Industrialisierung** bewirkte eine **Landflucht**, Tausende Menschen zogen in die großen Städte. Vor allem Konservative befürchteten, Männer, die in Fabriken arbeiteten, könnten die männlichen Tugenden ihrer ländlichen Vorfahren verlieren. Traditionelle Männlichkeit wurde bewusst gefördert. Weil Emotionsäußerungen aber als unmännlich galten, wurde das ausdruckslose Gesicht zum Symbol des neuen Mannes.

Jungen verbrachten nun fast den ganzen Tag in der Obhut ihrer Mütter und – nach Einführung der Schulpflicht im frühen 20. Jahrhundert – in der von Lehrerinnen. Kinder aus Arbeiterfamilien, die in billigen Stadtwohnungen lebten, kamen nur selten an die frische Luft. Viele Menschen fragten sich besorgt, was für Männer einmal aus den Jungen solcher Familien werden sollten.

Einen Lösungsansatz boten die Pfadfinderorganisationen, die um diese Zeit in Europa und Nordamerika gegründet wurden. Ihr Leitbild war dem Männlichkeitsideal des 19. Jahrhunderts sehr ähnlich. Ein Pfadfinder sollte vertrauenswürdig, loyal, hilfsbereit, freundlich, höflich, gehorsam, heiter, sparsam, einfallsreich, reinlich und ehrerbietig sein. In einigen europäischen Ländern wurde die Wehrpflicht eingeführt, die eine ähnliche Funktion erfüllte. In England setzten sich Privatschulen das Ziel, Widerstandskraft und Ausdauer ihrer Schüler zu fördern. Die Schüler wurden grob behandelt, um sie »abzuhärten«, denn das hielt man für nötig, damit sie einmal Führungspositionen einnehmen konnten.

**Landflucht** Umzug großer Bevölkerungsteile vom Land in die Städte, was zu einem schnellen Wachstum der Städte führt.

**Industrialisierung** Der Wandel von vorwiegend handwerklichen Herstellungsmethoden zur mechanisierten Produktion, die maßgeblich auf Maschinen beruht.

B

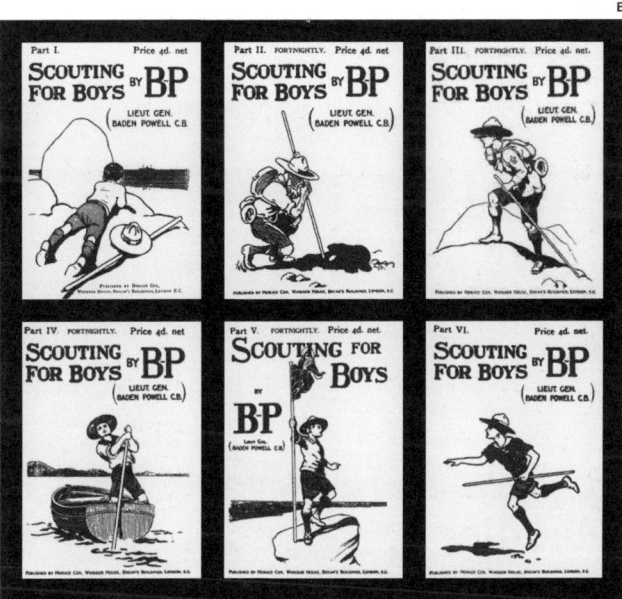

# Eine Reaktion auf die Veränderung des Männlichkeitsbegriffs war die Verteufelung der Homosexualität oder **Homophobie**. Es war äußerst wichtig, heterosexuell zu sein – oder zu erscheinen.

Im 19. Jahrhundert waren sexuelle Vorlieben meist eine persönliche Angelegenheit und nichts, wodurch Menschen definiert wurden. Das änderte sich am Ende des Jahrhunderts. Gesetze wie das Labouchere Amendment (Großbritannien, 1885) erklärten gleichgeschlechtliche Aktivitäten für illegal und ermächtigten die Polizei, homosexuelle Männer zu inhaftieren und ihren Besitz einzuziehen. Der Schriftsteller **Oscar Wilde** verbrachte wegen eines »Sittlichkeitsvergehens« zwei Jahre im Gefängnis. Sexualforscher des späten 19. Jahrhunderts prägten den Begriff **sexuelle Inversion**, also sexuelle Umkehrung. **Sigmund Freud** beschrieb Homosexualität als Abweichung der sexuellen Funktion und trug so zu der Ansicht bei, dass es sich um eine psychische Störung handelte. Der Wandel gesellschaftlicher Normen und die restriktiven Gesetze bewirkten, dass homosexuelle Männer und Frauen in Angst lebten und wenig oder keine Möglichkeit hatten, Liebesbeziehungen einzugehen.

**Homophobie** Oberbegriff für Vorurteile oder Diskriminierung homosexueller Menschen.

**Oscar Wilde** (1854–1900) Irischer Dichter und Schriftsteller, bekannt durch zahlreiche Theaterstücke und den Roman *Das Bildnis des Dorian Gray* (1890).

**Sexuelle Inversion** Die Vorstellung einer angeborenen Umkehrung der Geschlechtsmerkmale. Demnach seien Schwule eigentlich Frauen, die in Männerkörpern geboren sind und Lesben Männer in Frauenkörpern.

**Sigmund Freud** (1856–1939) Österreichischer Theologe und Theoretiker, Begründer der Psychoanalyse.

**Arbeitsobjekt** Von Karl Marx geprägter Begriff für Menschen, deren Wert allein in der Fähigkeit zur Ausführung einer vorbestimmten Aufgabe besteht. Ihr Wert als Individuum wurde nicht gewürdigt.

A

A Ernest Boulton und Frederick Park in Frauenkleidern (links) als Stella and Fanny, und in Männerkleidern mit dem Parlamentsmitglied Lord Arthur Pelham-Clinton (sitzend), der eine Beziehung mit Boulton hatte. Boulton und Park wurden 1870 verhaftet, weil sie in der Öffentlichkeit Frauenkleider trugen. Später wurden sie wegen Sodomie angeklagt.

B Fabrikarbeiter montieren Motoren bei Leland & Faulconer Manufacturing Co, Detroit, USA (um 1903). Jeder Mann steht an seinem Arbeitsplatz und wiederholt ständig dieselben Handgriffe. Die Entfernung zum Nachbarn ist zu groß, um sich zu unterhalten.

B

Die Erwartungen in Bezug auf männliche Emotionalität änderten sich, als im späten 19. Jahrhundert mit der Industrialisierung die Massenproduktion entstand. Fabriken setzten die neu entwickelten Fließbänder und Stechuhren ein, es ging vor allem um Effizienz. F. W. Taylor (1856–1915) beschrieb die neuen Produktionsmethoden in seinem Werk *Die Grundsätze wissenschaftlicher Betriebsführung* (1911). Die Produktionsmengen der Fabriken stiegen, aber die Arbeiter waren in diesem Prozess nur ein emotionsloser, austauschbarer Faktor. Sie konnten ihre Individualität nicht durch ihre Leidenschaften oder ihre Arbeit ausdrücken, sondern bildeten, zusammen mit den Maschinen, einen großen, reibungslos funktionierenden Mechanismus. Die vorwiegend männlichen Arbeiter waren nur noch Rädchen im Getriebe, und ihr Wert bestand allein darin, den Maschinen beim Erreichen der Produktionsziele zu helfen. Karl Marx (1818–1883) kritisierte diese Sichtweise. Seiner Ansicht nach würden die Arbeiter zu Arbeitsobjekten herabgewürdigt.

A

Die in der vorangegangenen Epoche der Romantik viel
gerühmte Leidenschaft in den Männerfreundschaften ging
Ende des 19. Jahrhunderts verloren. Maskulinität definierte
sich nun unter anderem durch Emotionslosigkeit. Männer
in den Städten hatten, vor allem wenn sie in Fabriken arbeiteten, tagsüber kaum Gelegenheit zu sozialen Kontakten.
Der Maschinenlärm und die Notwendigkeit, zur Ausführung
der Arbeit an einem Platz zu bleiben, machte es unmöglich,
sich miteinander zu unterhalten.

Man war noch immer von grundlegenden
Unterschieden zwischen Männern und
Frauen überzeugt, und ging davon aus,
dass die sozialen Bedürfnisse von Männern nicht innerhalb der Familie gedeckt
werden konnten. Clubs, zu denen nur
Männer Zutritt hatten, Kneipen und Bru-
derschaften boten Gelegenheit, Freundschaften zu knüpfen. Anders als im
viktorianischen Zeitalter basierten diese
Freundschaften nun aber nicht auf emotionaler Vertrautheit, sondern auf gemein-
samen Aktivitäten. So entstand während
der Industrialisierung ein neues Grund-
modell der Männlichkeit, das vor allem
von dem Wettstreit um Wohlstand und
gesellschaftliches Ansehen geprägt war.

# In der ersten Hälfte des 20. Jahrhunderts betrachtete man Männer und Frauen nicht mehr nur als »verschieden«, sondern als »gegensätzlich«.

A   Vorder- und Rückseite der Gewerkschafts-flagge der The Federated Society of Boilermakers, Iron & Steel Shipbuilders of Australia (etwa 1913–1919). Gewerk-schaften setzten sich für die Verbesserung der damals aus-schließlich männlichen Arbeiter ein.
B   Straßenbahnfahrer beim Essen in der Kan-tine (links, um 1905) und Büroarbeiter beim Feierabendbier in einem Club (rechts, um 1950). An solchen Orten konnten Männer außerhalb der Arbeit unter sich sein und Bekanntschaften pflegen.

Weil Männer nun vorwiegend außer Haus ihrer Arbeit nachgingen, fiel ihnen zunehmend die Rolle des Ernährers zu, während Frauen dafür zuständig waren, sich um Kinder, Mann und Haushalt zu kümmern. Diese strikte Aufgabenteilung be-wirkte eine Trennung der Bereiche: Technik und Vernunft wurden dem Männlichen zugeordnet, Emotionen und Beziehungen hingegen galten als Frauensache. Im frühen 20. Jahr-hundert waren Redensarten wie »benimm dich nicht so mädchenhaft« gängig.

B

In den ersten beiden Jahrzehnten des 20. Jahrhunderts kritisierten viele Frauen die männliche Vormachtstellung in der Gesellschaft und die starre Geschlechtertrennung. Die **Suffragetten** demonstrierten und setzten sich engagiert für Frauenrechte ein. Als während des Ersten Weltkriegs viele Männer an die Front eingezogen wurden, ergaben sich für die Frauen einige Veränderungen. Da keine Männer verfügbar waren, gingen immer mehr Frauen Arbeiten außerhalb des Haushalts nach, beispielsweise in Fabriken und in traditionellen »Männerberufen«. Sie verfügten über Geld, betrieben Handel und konnten sich ohne Anstandsdame in der Öffentlichkeit freier bewegen.

In den meisten Ländern wurde zwischen den Weltkriegen das Frauenwahlrecht eingeführt. Gleichzeitig propagierten rechtsextreme politische Bewegungen wie die Nationalsozialisten und die Faschisten in Italien männliche Härte und Aggression als erstrebenswerte Tugenden, und auch das Kino präsentierte mit Typen wie dem Cowboy, dem Detektiv und dem Gangster das Klischee des »harten Kerls«. Mit dem Zweiten Weltkrieg kam erneut eine Zeit, in der die Männer weitgehend abwesend waren und die Frauen sich in der Arbeits- und Geschäftswelt behaupten mussten.

A

**Suffragetten** Frauenrechtlerinnen, die sich zu Beginn des 20. Jahrhunderts für Gleichberechtigung und das Frauenwahlrecht einsetzten.

**Organization Man** Idealbild eines Mannes, der seine Arbeitskraft in einem Industriebetrieb oder einer gesellschaftlichen Organisation in den Dienst eines großen Ganzen stellt und deren Ziele und Werte verinnerlicht hat. Der Begriff wurde von William H. Whyte geprägt, dessen gleichnamiges Buch ein Bestseller war.

A Zwei Frauen aus der Gruppe Silent Sentinels demonstrieren vor dem Weißen Haus in Washington (1917). Die von der National Woman's Party organisierten Proteste dauerten an, bis das Frauenwahlrecht 1919 vom US-Kongress als Verfassungszusatz vorgeschlagen wurde. Seit dem 18. August 1920 dürfen Frauen in den USA wählen.
B Plakate für den Film *The Home Maker* (1925) nach dem gleichnamigen Roman. In dem Film werden die traditionellen Mann-Frau-Rollen vertauscht, was beiden Partnern gefällt und der ganzen Familie zugute kommt.

B

In der Zeit nach dem Zweiten Weltkrieg verschob sich das Männerbild erneut. Jetzt standen der Firmenboss und der Selfmademan hoch im Kurs. Der Erfolg eines Mannes definierte sich durch seinen Beruf und seine Lohntüte. Man glaubte an den »American Dream« – die Vorstellung, jeder könne es durch harte Arbeit bis ganz nach oben schaffen. Damit entstand eine Variante des Männerbildes der Industrialisierung, der »Organization Man«, der auf der Karriereleiter vorankam, weil er gut organisiert und zuverlässig war, die Ziele des Unternehmens verinnerlicht hatte und sich in den größeren kulturellen Rahmen einfügte. Solange ein Mann genug verdiente, um seine Familie zu ernähren, spielten Aspekte wie Charakter, Ehre und Ruf eine zweitrangige Rolle.

Fabrikarbeiter standen vor einer neuen Schwierigkeit: Tagsüber mussten sie ein Rädchen im Getriebe sein, abends Partner und Vater. In manchen Fabriken kam es damals oft zu Unfällen, doch hatten die Beschäftigten wenig Zeit, ihre Ängste und Sorgen zu äußern. Unter diesen Bedingungen während der Arbeitszeit Emotionen zu zeigen, war kaum möglich.

A

# Auch die individuelle Entscheidungsfreiheit des Durchschnittsmannes änderte sich.

Für die neu entstehende Mittelschicht hatten finanzielle und andere Entscheidungen nicht dieselbe Tragweite wie für die Oberschicht. Erfolg und Unabhängigkeit definierten sich dadurch, ein eigenes Haus und andere materielle Güter zu besitzen. Ein weiteres Aushängeschild für den Erfolg eines Mannes, war eine Frau zu haben, die keiner Arbeit außer Haus nachgehen musste, allerdings erreichte nur eine Minderheit der Haushalte dieses Ziel. Um die Mitte des 20. Jahrhunderts bezog sich die Entscheidungsfreiheit hauptsächlich darauf, welche Produkte man auf dem wachsenden Massenmarkt kaufen sollte.

Nach dem Zweiten Weltkrieg fügten sich die meisten Männer gern in das abgemilderte industrielle Männerbild, das ihnen die Rolle des Ernährers einer Kleinfamilie zuwies. Diese Position bot allerdings wenig Raum für Selbstbestätigung, darum lehnten viele junge Männer sie ab. Sie rebellierten gegen die patriarchalische Gesellschaft, in der die alten Männer das Sagen hatten, und auch gegen den Druck, sich anzupassen, hart zu arbeiten und eine Familie zu unterhalten.

Rebellierende junge Männer, auch »Halbstarke« genannt, und nicht selten jugendliche Straftäter, erweckten in den 1950er-Jahren öffentliche und politische Besorgnis. Vorbild der Rebellen waren oft die Helden aus Filmen wie *Der Wilde (The Wild One,* 1953) und *Denn sie wissen nicht, was sie tun (Rebel Without a Cause,* 1955), die ein härteres Männerbild präsentierten, das vor allem unter Männern der Arbeiterschicht Anklang fand. Verkörpert beispielsweise durch Terry Malloy (gespielt von Marlon Brando) in *Die Faust im Nacken (On the Waterfront,* 1954). Romanautoren wie Alan Sillitoe (1928–2010) in *Samstagnacht und Sonntagmorgen* (1958) und Ken Kesey (1935–2001) in *Einer flog über das Kuckucksnest* (1962) beschreiben Männer, die persönliche Freiheit finden, indem sie den einschränkenden Einfluss von Frauen und der autoritären Gesellschaft abschütteln.

B

A   Männer aus der Werbeabteilung von Coca-Cola in Atlanta (Georgia, USA) trinken ihr Produkt (1954). In den 1950er-Jahren wurde Männlichkeit zunehmend danach beurteilt, welche Produkte ein Mann kaufte.
B   In *Der Wilde,* dem ersten Biker-Film, spielt Marlon Brando (Mitte) Johnny Strabler, den Anführer einer Motorrad-Gang. Berühmt wurde der Dialog zwischen Johnny und einer jungen Frau, die ihn fragt: »Wogegen rebellierst du, Johnny?« Seine Antwort: »Wogegen du willst.«

A

A  American Football, der Mann-
   schaftssport mit dem höchsten
   körperlichen Gewalteinsatz, fand
   in den 1960er- und 1970er-
   Jahren verstärkt Zuspruch. Die
   Abbildung zeigt das Spiel der
   Detroit Lions gegen die Minne-
   sota Vikings am 27. November
   1969 im Tiger Stadium in Detroit,
   Minnesota.
B  Der verwundete Marine-
   Sergeant Jeremiah Purdie wird
   nach erbitterten Kämpfen in
   Südvietnam an einem verletzten
   Kameraden vorbeigeführt (1966).
   Der Vietnamkrieg brachte in der
   westlichen Welt eine große Zahl
   von Kriegsgegnern hervor.

**Identitätskrise** Der
Begriff wurde in den
1960er-Jahren von Erik
Erikson geprägt und
bezeichnet eine natürliche
Entwicklungsphase, in der
jeder Jugendliche ein in
sich stimmiges Selbstbild
entwickelt, zu dem auch
ein Wertesystem gehört.
Während dieser Selbst-
findungsphase werden die
Werte der Eltern und der
Gesellschaft oft abgelehnt.

Das neue Phänomen der jugendlichen Straftäter bewirkte eine
veränderte Bewertung männlicher
Gewalt. Zwar hatten viele Männer
im Kriegseinsatz Gewalt erlebt
und selbst ausgeübt, doch die all-
täglichen Auseinandersetzungen
heranwachsender Jungen aus der
Mittelschicht waren der Gesellschaft fremd. Allmählich setzte sich
die Ansicht durch, die Jugendlichen
durchliefen eine **Identitätskrise**.
Eine gewisse Gewaltbereitschaft
etablierte sich als Teil des geänder-
ten Männlichkeitsbildes.

In der zweiten Hälfte des 20. Jahrhunderts
flossen Begriffe aus dem Kriegskontext in die
Sprache des Sports ein. So wurde beispielsweise ein besonders schussstarker Fußballer
als »Bomber« bezeichnet. Auch dies trug
dazu bei, dass Gewalt als normaler Anteil der
Männlichkeit betrachtet wurde.

B

Andererseits bewirkte die Besorgnis über jugendliche Straftäter ebenso wie die gewaltfreien Bewegungen in Indien (Gandhi), Südafrika (Mandela)
und den USA (King), dass männliche Gewalt und
das damit verbundene Machtstreben kritischer
gesehen wurden. Auch zivile Opfer von Kriegs-
handlungen, etwa Tausende Hungertote im Biafra-
krieg (1967–1970) und die getöteten Zivilisten im
Vietnamkrieg (1955–1975), vor allem die Opfer des
Massakers von My Lai (1968), veränderten die allgemeine Einstellung zur Gewalt.

Dennoch blieb männliche Aggressivität als Mittel zur Befreiung
Merkmal des Radikalismus der 1960er- und 1970er-Jahre. Heute
schockiert es uns, dass der umstrittene Romanautor Norman Mailer
(1923–2007) 1963 in einem Interview sagte: »Es ist besser zu ver-
gewaltigen, als zu masturbieren.« Junge Männer, die sich um der
persönlichen Freiheit willen gegen die traditionellen Autoritäten und
ihre engen Moralvorstellungen wandten, hatten auch keinen Respekt
vor dem patriarchalischen Prinzip, junge Frauen vor männlichen
Übergriffen zu schützen. Sie bevorzugten Frauen, die sich ebenfalls von alten Moralvorstellungen befreien wollten, übersahen aber
die problematische Seite der »freien Liebe« und waren auch nicht
bereit, Hausarbeiten wie Kochen und Abwaschen zu übernehmen.

A In den 1970er-Jahren stellen Feministinnen die Definition von Männlichkeit und traditionellen Männerrollen infrage. Das Foto zeigt eine Demonstration gegen Pornografie auf dem Times Square in New York (1979).

B Männliche Promiskuität galt in den 1970er-Jahren als nahezu normal. Hier posiert Bob Guccione, Herausgeber der Zeitschrift *Penthouse*, mit seinen Hunden und einigen seiner Models (New York, 1978).

### Promiskuität

Sexuelle Beziehungen von jeweils nur kurzer Dauer mit häufig wechselnden Partnern ohne die Absicht, eine dauerhafte Beziehung einzugehen.

# Feministinnen der 1970er-Jahre kritisierten weniger die traditionellen Verantwortungs- und Moralvorstellungen des Patriarchats, sondern vor allem diese ungehemmt rebellische Männlichkeit der Gegenkultur.

In der westlichen Welt verbesserten sich die Bildungschancen für Frauen, sodass sie Zugang zu höher qualifizierten Berufen hatten. Erste Gesetze zum Schutz vor sexueller Belästigung am Arbeitsplatz und für gleiche Bezahlung wurden verabschiedet. Einige Feministinnen stellten die Geschlechtertrennung infrage. Sie stellten die These auf, jeder Mensch – Mann wie Frau – verfüge sowohl über maskuline als auch feminine Wesensmerkmale.

A

B

# In den 1970er-Jahren wurde Promiskuität allgemein als Aspekt von Männlichkeit betrachtet – vielleicht als Reaktion auf die veränderte Frauenrolle.

Für Männer der Mittel- und Oberschicht spielten Ehre und guter Ruf – auch der Partnerin – nach wie vor eine Rolle, darum betrachteten sie männliche Promiskuität oft als verabscheuungswürdige Charakterschwäche. Vor den 1970er-Jahren wurde so ein Verhalten mit unsympathischen, wenig vertrauenswürdigen Filmschurken assoziiert. Rhett Butler in *Vom Winde verweht* (1939) oder Brad Allen in *Bettgeflüster* (1959) sind Paradebeispiele für diesen Typ. Promiske Figuren sind aber auch James Bond (1961–heute), Fonzie (aus *Happy Days*, 1974–1984) und Hawkeye Pierce (aus *M\*A\*S\*H*, 1972–1983). Solche anständigen, hilfsbereiten Figuren sorgten dafür, dass sich eine akzeptablere Form der männlichen Promiskuität ins Denken des Publikums einschlich.

MEIN FREUND IST POSITIV

ICH LIEBE IHN

Tom of Finland  **LIFE GUARD**

A

Während eines Großteils des 20. Jahrhunderts war Homosexualität strafbar. Dadurch war ein Teil der männlichen Bevölkerung benachteiligt. Schon 1957 schlug der **Wolfenden Report** eine Änderung der diesbezüglichen Gesetzgebung in England vor, die aber erst 20 Jahre später umgesetzt wurde. In einigen westlichen Ländern nahm die Homophobie infolge der AIDS-Krise in den 1980er-Jahren sogar noch zu. In den USA blieben Gesetze, die bestimmte sexuelle Handlungen zwischen zwei Männern verboten, zwischen verschiedengeschlechtlichen Ehepartnern aber erlaubten, bis zur Entscheidung des Obersten Gerichtshofs im Fall *Lawrence v. Texas* (2003) gültig.

A  Vier Plakate der
   Deutschen AIDS-
   Hilfe e.V. aus den
   frühen 1980er-
   Jahren propagieren
   Safer Sex. Die hohe
   Zahl von AIDS-
   Erkrankungen in die-
   ser Zeit begünstigte
   ein Klima der Angst,
   dem die AIDS-Hilfe
   mit konfrontati-
   ver Aufklärung
   begegnete.

Auch andere Veränderungen zeichneten sich ab, allerdings hielt die Politik oft nicht Schritt. 1973 wurde Homosexualität aus dem Diagnostic and Statistical Manual of
Mental Disorders der American Psychiatric Association
gestrichen. Diese Liste der psychischen Erkrankungen galt
auch in vielen anderen Ländern als Maßstab. Die Weltgesundheitsorganisation WHO definierte Homosexualität
allerdings noch weitere 20 Jahre als Störung. Die Stone-
wall-Unruhen (1969) galten allgemein als Geburtsstunde
der Schwulenbewegung in den USA und anderen Ländern.
Gewalt gegen Homosexuelle, etwa der Mord an dem amerikanischen Studenten Matthew Shepard (1998) und der
Bombenanschlag auf den Londoner Pub *Admiral Duncan*
(1999) lösten ein Umdenken in der öffentlichen Meinung
aus. Ein entscheidender Faktor für die veränderte Haltung
gegenüber Schwulen und Lesben war die AIDS-Ära, die
viele zu einem Coming-Out veranlasste. Es ist eine Sache,
Gesetze zu erlassen, die sich gegen »die anderen« richten,
sind aber Familienangehörige oder enge Freunde von diesen Gesetzen betroffen, sieht die Sache anders aus.

**Wolfenden Report** 1954 wurde in England
ein Ausschuss gegründet, der sich mit Homosexualität und Prostitution beschäftigte. Im
Abschlussbericht wurde empfohlen, einver-
nehmliche sexuelle Handlungen unter Erwachsenen nicht mehr als Straftat zu bewerten.

**Diagnostic and Statistical Manual of
Mental Disorders** Eine von der American
Psychiatric Association herausgegebene Liste
aller bekannten und anerkannten geistigen/
psychischen Störungen und der dazugehöri-
gen diagnostischen Kriterien.

Verbote bestimmter Verhaltensweisen von Männern und die Befürwortung anderer veranlassten Deborah David und Robert Brannon, in ihrem Buch *The Forty-Nine Percent Majority: The Male Sex Role* (1976) ein neues Männerbild der post-industriellen Zeit zu entwerfen, das auch als Manbox bezeichnet wird. Seine vier Eckpfeiler umreißen sie mit provokanten Schlagworten: »No sissy stuff«, »Be a big wheel«, »Be a sturdy oak« und »Damn the torpedoes, full speed ahead«.

David und Brannon formulieren aus ihren Schlagworten klare Verhaltensregeln für Männer. »No sissy stuff« (kein Mädchenkram) bedeutet, Männer und Jungen sollen Verhaltensweisen und Charakterzüge vermeiden, die mit Weiblichkeit assoziiert werden, beispielsweise Emotionalität, Beachtung des eigenen Äußeren oder (zwischenmenschliche) Abhängigkeit. Weil schwule Männer klischeehaft als feminin betrachtet werden, bedeutet diese Regel auch, alles zu vermeiden, wodurch man für schwul gehalten werden könnte.
»Be a big wheel« (Sei ein großes Rad) meint, Männer und Jungen

A

A   Ein vermummter Skinhead in
    Tarnkleidung beim Nazigruß
    (Paris, 1988). Seine Sicht,
    Aggression und Gewalt seien
    legitime Mittel, um ein Ziel zu
    erreichen, ist eine Überinter-
    pretation der Manbox-Prinzi-
    pien, die man als pathologisch
    betrachten kann.

B   1987 präsentierte sich der
    bekannte Geschäftsmann
    Donald Trump als »Big Wheel«,
    indem er mit einem Privathub-
    schrauber reiste. Das untere
    Foto zeigt ihn mit den Insignien
    des erfolgreichen Geschäfts-
    mannes: Businessanzug,
    Chefschreibtisch mit Telefon
    und ein Büro mit spektakulärer
    Aussicht.

**Manbox** Umgangs-
sprachlicher Begriff für
ein Männerbild, dessen
Vorgaben die Betroffe-
nen einengen können
(Schubladendenken).

sollen Erfolg und hohes Ansehen anstreben, entweder generell oder
in einem bevorzugten Bereich. Diese Regel schreibt Ehrgeiz und
Wettbewerbsdenken als gute männliche Eigenschaften vor. »Be a
sturdy oak« (Sei eine standfeste Eiche) zielt auf Unabhängigkeit und
Ausdruckslosigkeit ab. Männer und Jungen sollen für sich selbst
sorgen, nichts Persönliches (Gefühle, Hoffnungen, Ängste) preis-
geben, sondern durch ihr Handeln sprechen. »Damn the torpedoes,
full speed ahead« (Vergiss die Torpedos, volle Kraft voraus) fordert
zu Aggression, Risikobereitschaft und Entschlossenheit auf.

Dieses Männerbild des späten 20. Jahrhunderts
scheint weitaus schädlicher zu sein als das patriarchalische Modell des 19. Jahrhunderts, denn
es unterstützt männliche Gewalt, Aggression und
Risikobereitschaft, also Verhaltensweisen, die Schaden anrichten können. Außerdem verführt es dazu,
Aspekte des menschlichen Wesens zu vernachlässigen, vor allem Emotionalität und Zwischen-
menschlichkeit. Und schließlich wertet es bestimmte
Gruppen von Männern ausdrücklich ab, vor allem
Risikoscheue, Ehrgeizarme und Schwule.

A

B

Im Gegensatz zum Männerbild des 19. Jahrhunderts bietet das Manbox-Modell eine Möglichkeit, die Männlichkeit einzelner Individuen zu vergleichen und zu bewerten. Je konsequenter sich ein Mann in dieses Raster aus Vorgaben einfügt, desto wahrscheinlicher ist, dass er als »richtiger Mann« angesehen wird. Forscher haben allerdings festgestellt, dass Männer sich selbst nur selten weit oben oder auch nur im mittleren Bereich dieser Bewertungsskala einordnen.

# Ist Männlichkeit also eine Einbahnstraße? Die Soziologin R. W. Connell (*1944) denkt, innerhalb einer Kultur können verschiedene Männlichkeitsmodelle existieren.

A    Cover des Bestsellers *Real Men Don't Eat Quiche* (1982) von Bruce Feirstein, einer satirischen Darstellung der amerikanischen Männlichkeitsklischees.

B    Auch die Werbung für Sicherheits- und Gesundheitsprodukte spielt ironisch mit dem Klischeebild vom »echten Mann«.

C    Dieser Mitarbeiter der Firma Tuchodi River Outfitters bereitet sich am 16. Tag einer einmonatigen Reise durch die nördlichen Rocky Mountains auf die Jagd vor. Er bringt das hegemoniale Manbox-Männerbild auf den Punkt.

Connell hat sich als eine der ersten Theoretikerinnen mit den gesellschaftlichen Einflüssen auf die Maskulinität beschäftigt. In ihrem Buch *Der gemachte Mann* (1995) schreibt sie, es gebe verschiedene Formen der Männlichkeit. So sei es Männern möglich, mal als Rebell, mal als Softboy und mal als Nerd aufzutreten. Ihrer Meinung nach wird jede Variante unterschiedlich durch kulturelle Kräfte beeinflusst. Als **hegemoniale Männlichkeit** bezeichnet sie diejenige Variante, die in der Gesellschaft vorherrscht und die größte Macht ausübt.

Das hegemoniale Männerbild der westlichen Welt ist die Manbox. Je besser ein Mann diesem Muster entspricht, desto mehr profitiert er innerhalb der Gesellschaft davon. Solche Männer gehören oft der demografischen Mehrheit an: weiß, heterosexuell, Oberschicht. Auch Sportler und Politiker fallen oft in diese Gruppe.

C

A

### Komplizenhafte Männlichkeit
Männer, die sich in vielen, aber nicht allen Aspekten in das hegemoniale Muster einfügen. Sie stimmen ihm grundsätzlich zu und ziehen Nutzen aus ihm, jedoch weniger als bei völliger Übereinstimmung.

### Marginalisierte Männlichkeit
Männer, die das hegemoniale Muster zwar unterstützen, sich aber nur in geringem Maße einfügen können oder wollen. Für sie hat es relativ wenig gesellschaftliche Vorteile, ein Mann zu sein.

### Untergeordnete Männlichkeit
Von Männern, mit grundlegend anderem Verständnis von Maskulinität, verlangt die Gesellschaft – auch durch gesellschaftliche Regeln oder Gesetze –, dass sie sich dennoch dem geltenden Muster unterordnen.

Wenn Männer sich nur teilweise in das hegemoniale Männlichkeitsbild einordnen, spricht Connell von **komplizenhafter Männlichkeit** oder **marginalisierter Männlichkeit**. In beiden Fällen reduziert sich der Nutzen für die Männer, d. h., sie profitieren in geringerem Maße davon, männlich zu sein. Komplizen sind oft weiße Männer der Mittelklasse im Angestelltenverhältnis, aber auch Angehörige akzeptierter Minderheiten, etwa der »Casanova-Typ«. Marginalisierte Männer respektieren das hegemoniale Muster zwar, zeigen aber nur eine geringe Fähigkeit oder Bereitschaft, sich ihm anzupassen. Dazu gehören beispielsweise Angehörige tolerierter Minderheiten sowie Männer aus der Unterschicht in untergeordneten beruflichen Positionen.

A Zwei Motive aus Tokio: Ein Angestellter sitzt allein in einer Bar mit Blick über die nächtliche Skyline (oben). Ein anderer liest auf der Fahrt zur Arbeit in der Metrostation. Beide stehen für das Prinzip der Komplizenschaft. Sie sind risikoscheu, arbeiten hart und passen sich an. Oft arbeiten sie jahrzehntelang im gleichen Unternehmen, ohne in ihrer Karriere voranzukommen. Der Beruf ist für sie wichtiger als persönliche Beziehungen.

B Diese Männer beim Straßenkarneval Banda de Ipanema in Rio de Janeiro stellen sich gegen die Norm. Von ihnen wird Unterordnung erwartet. Es würde nicht akzeptiert und hätte negative Konsequenzen, wenn sie im Alltag Frauenkleider und Make-up tragen würden.

B

Von Männern, die ein völlig anderes Männlichkeitsbild vertreten, wird erwartet, dass sie ihre Männlichkeit der hegemonialen unterordnen. Andernfalls müssen sie mit negativen Konsequenzen oder sogar Bestrafung rechnen. Die Einordnung erfolgt anhand demografischer Kategorien, etwa der Zugehörigkeit zu einer Minderheitengruppe.

In der spanischsprachigen Welt unterscheidet sich das Männerbild des 20. Jahrhunderts in gewisser Weise von dem Europas und der USA. *Machismo* und *caballerismo* enthalten Elemente, die sich auch im hegemonialen weißen Männerbild finden. Allerdings ist *machismo* bei uns negativ belegt und wird mit Frauenfeindlichkeit und Gewalt in Zusammenhang gebracht. *Caballerismo* lässt sich mit dem Begriff der Ritterlichkeit vergleichen. Der Schwerpunkt liegt auf gutem und respektvollem Verhalten, einem strengen Ethos, Bescheidenheit und Gerechtigkeit.

Daneben gibt es noch weitere Formen der Maskulinität. *Familismo* steht für Treue und Hingabe an die Familie, d. h. Unterstützung, Schutz und Versorgung. *Personalismo* meint, den zwischenmenschlichen Aspekt einer Beziehung höher zu bewerten als den Aspekt der Aufgabenteilung. *Simpatía* bezeichnet angenehme, konfliktarme Interaktion, etwa allgemeine Umgänglichkeit, Bescheidenheit und Rücksicht auf Bedürfnisse und Gefühle anderer. *Respeto* steht für Achtung und Respekt gegenüber Personen von höherem Status, wobei dieser auf dem höheren Alter, der beruflichen Stellung oder dem (männlichen) Geschlecht beruhen kann.

In vielen asiatischen Ländern betrachtet man Männer und Frauen als verschieden, aber nicht als gegensätzlich. Darin liegt ein Unterschied zum Westen, wo Männer nicht feminin zu sein haben. Für asiatische Männer ist es selbstverständlich, dass ein Familienvater auch putzt oder Geschirr abwäscht, weil solche Tätigkeiten nicht als Frauenarbeit angesehen werden.

Auch die Forschung hat sich mit nationalen Unterschieden befasst. 2008 wurden in zwei Studien – einer aus dem Westen und einer aus Asien – über 1000 Personen aus drei Ländern gebeten, verschiedene Aspekte der Männlichkeit zu bewerten. Die Ergebnisse sind aus den beiden unten abgebildeten Karten ersichtlich.

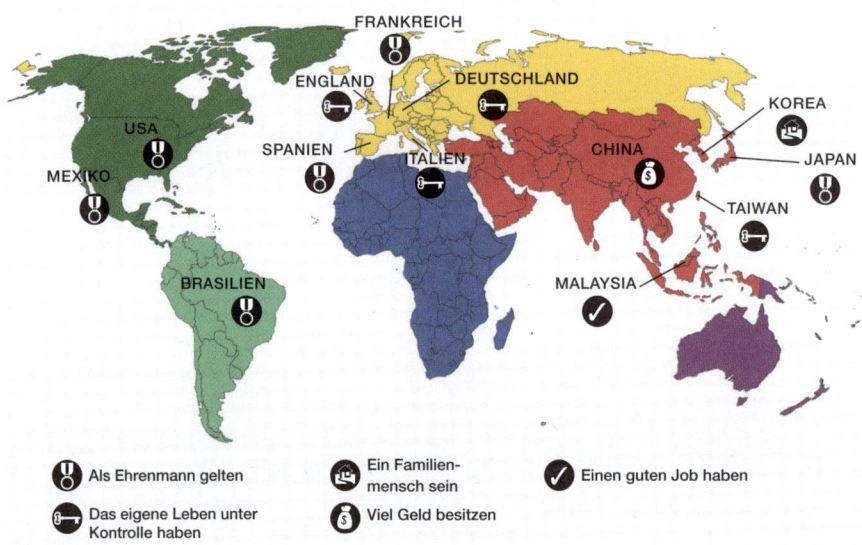

A

Neue Männlichkeitsbilder werden sich entwickeln, wenn wir die Eigenschaften, Verhaltensweisen und Rollen, die der heutigen hegemonialen Männlichkeit zugeordnet werden, weiter durchdenken. Vor allem der negative Einfluss von Konkurrenzdenken und Aggression auf Einzelpersonen und die Gesellschaft wird zu beleuchten sein, um weniger schädliche Formen der Männlichkeit zu finden. Schon jetzt existieren viele Varianten nebeneinander. Es stellt sich allerdings die Frage, ob der Einzelne in der Gestaltung seines persönlichen Modells wirklich frei ist.

A   Die Weltkarte zeigt die am höchsten bewerteten Männlichkeitsattribute in 13 Ländern (Grundlage: zwei Studien aus 2008). Am häufigsten wurde genannt, ein Ehrenmann zu sein und sein Leben unter Kontrolle zu haben.

B   Die Weltkarte zeigt die am geringsten bewerteten Männlichkeitsattribute in denselben Ländern. Erfolg bei Frauen und ein attraktives Aussehen waren die Aspekte, denen die geringste Bedeutung beigemessen wurde.

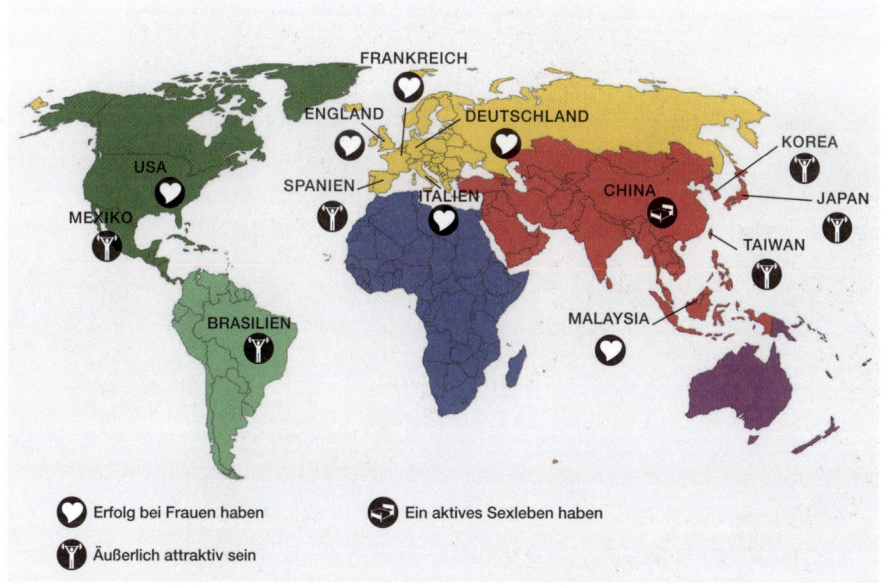

FRANKREICH
ENGLAND
DEUTSCHLAND
KOREA
USA
SPANIEN
ITALIEN
CHINA
JAPAN
MEXIKO
TAIWAN
BRASILIEN
MALAYSIA

♥ Erfolg bei Frauen haben          ⚡ Ein aktives Sexleben haben

⚜ Äußerlich attraktiv sein

B

## 2. Die Macht, Schaden anzurichten

A

**Heterosexismus** Ansicht, dass Liebe und Sexualität nur in Mann-Frau-Beziehungen ihren Platz haben, und anders zusammengesetzte Paare »widernatürlich« seien (z. B. homosexuell, bisexuell). Auch Verhaltensweisen, die auf dieser Ansicht beruhen.

Seit dem späten 17. Jahrhundert ging es bei der hegemonialen Definition von Männlichkeit immer um Macht, was den Weg für Sexismus, Rassismus und **Heterosexismus** ebnete. Diese Macht äußert sich in den für Männer geltenden Verhaltensregeln, Ehrgeiz zu zeigen und Ansehen zu gewinnen. Entschlusskraft und Risikobereitschaft fördern im Gegensatz zu Denken und Fühlen den Machterwerb.

# Dass Gewaltbereitschaft, die mit Abenteuerlust und Aggressivität einhergeht, toleriert wird, bietet die gefährliche Möglichkeit Gewalt einzusetzen, um einen hohen Status zu erwerben.

Aus soziologischer Sicht liegt
Macht in westlichen Ländern
traditionell in den Händen von
weißen, relativ gebildeten,
heterosexuellen Männern aus
der Oberschicht. In diesem
Kapitel wird untersucht, wie die
derzeit gültige westliche Definition
von Maskulinität – die Manbox –
dazu beiträgt, dass Männer sich
und anderen Männern und Frauen
schaden können.

Weltweit haben Männer eine geringere Lebenserwartung als Frauen, der Unterschied ist aber von Land zu
Land verschieden. In Island, Irland, Malta, den Niederlanden, Norwegen, Schweden und der Republik
Mazedonien leben Männer »nur« vier Jahre weniger
als Frauen. Hier ist der Unterschied am geringsten.
Ganze zehn Jahre niedriger liegt die Lebenserwartung für Männer in Weißrussland, Litauen, Lettland,
der Russischen Föderation und der Ukraine.

Typische Kriterien für die Aufnahme in den Militär-
dienst sind neben der Tatsache, von Geburt an
männlich zu sein, Alter und körperliche Fitness. Erst
seit wenigen Jahrzehnten können in einigen Ländern
volljährige, körperlich gesunde Personen unabhängig
von der Genderzugehörigkeit eine militärische Lauf-
bahn einschlagen.

A Schauspieler
wie Sylvester
Stallone, Arnold
Schwarzenegger
und Jean-Claude
Van Damme haben
in den 1980er- und
1990er-Jahren den
muskelbepackten
Action-Filmhelden
berühmt gemacht.
Damit haben sie
dazu beigetragen,
dass Gewalt als
akzeptables und
sogar wünschens-
wertes Element
von Männlichkeit
akzeptiert wird.
B Zwei Mitglieder
der gewalttätigen
18th Street Gang in
Quezaltepeque, El
Salvador, bei Frie-
densverhandlungen
mit der Landesregie-
rung (2012).

# Dass Machtausübung und Gewalt so eng verwoben sind, ist ein Grund für die geringere Lebenserwartung. Männer töten einander im Krieg und durch Mord. Gibt es ein unmissverständlicheres Zeichen für Macht als das Töten? In beiden Fällen handelt es sich bei Tätern und Opfern größtenteils um jüngere Männer zwischen 15 und 39 Jahren. In den USA sind 75–80% der jährlichen Mordopfer männlich.

A

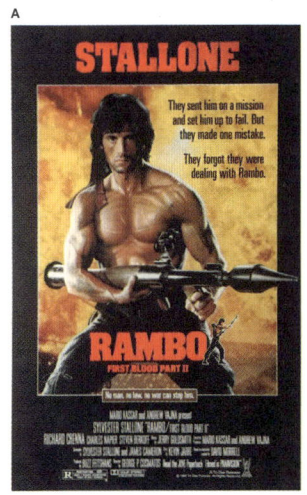

B

Typisch für Männer, die Körperverletzung, Vergewaltigung oder Mord begehen, ist der krankhaft übersteigerte Machtaspekt des hegemonialen Musters. In ihrem Denken sind sie oft so starr, dass sie andere Männer-bilder nicht zulassen oder bestreiten und sich auch jeglichem Umdenken widerset-zen. Möglicherweise wollen sie durch ihre Gewaltbereitschaft vermeiden, wie Frauen von anderen Männern beherrscht zu werden. Darauf deuten sexistische Aussagen und Verhaltensweisen hin. Außerdem bietet ihnen Gewalt eine Methode, sich Respekt zu verschaffen. Wer den Gegner aus dem Feld schlägt, steigt in der Hierarchie auf und hat bessere Chancen, einmal ein Alpha-Mann zu werden. Ebenso kann die Ein-schüchterung einer Frau, um sie zum Sex zu nötigen, dem Statusgewinn dienen: Der Mann kann sich einer weiteren »Eroberung« rühmen und dadurch sein Image aufpolieren.

A

Gewalttätige Männer haben oft Probleme mit Gefühlen wie Traurigkeit oder Angst. Sie drücken sie durch Aggression aus, geben anderen die Schuld und wenden sich dann gegen diese, um die Ursache ihres Zorns zu beseitigen. Wie die meisten Menschen freunden sich auch gewalttätige Männer bevorzugt mit Personen an, die ähnliche Werte und Ansichten haben. Da sie von der Dominanz der Männlichkeit überzeugt sind, haben sie wenig Gelegenheit – und wenig Druck –, sich auf gewaltfreie Art und Weise mit ihren Gefühlen auseinanderzusetzen. Viele Betroffene berichten außerdem, in Familien oder Stadtgebieten aufgewachsen zu sein, in denen Gewalt, auch Missbrauch in der Familie, an der Tagesordnung war.

Massenmord, also die Tötung von vier oder mehr Opfern, wird fast ausschließlich von Männern verübt, und vorwiegend in den USA. Manche Mörder betrachten sich als Angehörige einer »Armee«, die ihre Gruppe (Religion, Herkunft usw). verteidigen muss und über kein anderes Mittel verfügt. Ein Beispiel ist der Tree of Life-Anschlag, der 2018 in Pittsburgh (USA) verübt wurde. Die meisten Täter haben einen niedrigen sozialen Status und keine Erfolge. Dadurch wird die Gewaltbereitschaft begünstigt.

A  Mitglieder der Straßengangs Grape Street Watts Crips und Bounty Hunter Bloods lieferten sich in den 1980er-Jahren in Los Angeles blutige Kämpfe. Dass beide Gangs hauptsächlich aus Afroamerikanern bestanden, brachte Diskussionen über schwarz-schwarze Gewalt in Gang. Drei junge »Möchtegern-Mitglieder« der Dodge City Crips (San Pedro) posieren vor der Kamera (unten rechts).

B  Als beim Route 91 Harvest Country Music Festival in Las Vegas 2017 Schüsse fallen, sucht das Publikum Deckung. Die meisten Opfer (58 Tote, 422 Verletzte) waren weiß, ebenso der Schütze. Das FBI fand keinen Hinweis auf ideologische oder persönliche Motive.

Andere Mehrfachmorde, vor allem in der Familie oder am Arbeitsplatz, werden oft durch den Verlust der Partnerin oder der Anstellung ausgelöst. Die Täter sehen keinen anderen Weg, um ihren emotionalen Schmerz auszudrücken, und wenden sich gegen die Partnerin oder den Chef, um Rache zu nehmen. Bei solchen Taten kommt meist auch der Täter ums Leben, manchmal durch die Polizei, wenn er sich nicht ergibt. Die Motive für solche Morde unterscheiden sich nicht von denen für Selbstmord.

B

# Die große Mehrzahl aller Mörder und Gewaltverbrecher ist männlich.

In den USA liegt die Rate der Gewaltverbrechen weltweit am höchsten. Hier werden etwa 90 % aller Morde von Männern verübt. Täter und Opfer gehören meist derselben ethnischen Gruppe an.

Auch die Inhaftierungsraten für Schwer- und Schwerstverbrechen zeigen ethnische Unterschiede. In Großbritannien und den USA ist der Anteil schwarzer Männer außergewöhnlich hoch. Das könnte damit zusammenhängen, dass im hegemonialen Männerbild von schwarzen Männern Unterordnung verlangt wird.

Männer nehmen sich häufiger das Leben als Frauen, und zwar in fast allen Ländern der Welt. Der WHO zufolge ist die Wahrscheinlichkeit, dass ein Selbstmordversuch tödlich ausgeht, bei Männern 1,8-mal so hoch wie bei Frauen. In den

B

USA bezieht sich diese Statistik auf alle Todes-
arten, zudem entscheiden sich Männer meist
für verlässlichere Suizidmethoden (z. B. Schuss-
waffen statt Medikamenten-Überdosis). Ein
Grund für den hohen Anteil männlicher Selbst-
mörder kann darin liegen, dass das hegemoniale Männerbild ihnen die Rolle des Problem-
lösers zuweist. Sie sollen handeln, statt (lange)
nachzudenken.

## Trägt die Manbox zur hohen Selbstmordrate bei?

Maskuline Normen verlangen, dass Männer
sich zusammenreißen, statt ihre Probleme
auszudrücken oder aufzuarbeiten. So stehen
Männer oft allein vor Problemen, die sie nicht
lösen können. Gefühle wie Hilflosigkeit und
Versagen können sich dadurch verstärken.

A  Zeitschriftenkampagnen aus den
Jahren 2012 (links) und 2017 von
Campaign Against Living Misera-
bly (CALM), einer Initiative gegen
Selbstmord bei Männern.

B  Männer können oft nur schwer
über Depressionen sprechen.
Um auf das Problem männlicher
Selbstmorde hinzuweisen, ließ
CALM 2018 auf dem Dach des ITV

Television Centre 84 lebensgroße
Skulpturen von Mark Jenkins
aufstellen. Sie symbolisierten die
84 Männer, die sich wöchentlich in
England das Leben nehmen.

A

Solche Gefühle sind typisch für eine **klinische Depression**. Jahrzehntelang wurde diese Erkrankung bei Frauen häufiger diagnostiziert als bei Männern. Manche Autoren vertreten die These, dass die Diagnosekriterien Männern nicht ausreichend gerecht werden, und die Symptome einer klinischen Depression bei ihnen eher dem Alkoholismus oder einem anderen **Substanzmissbrauch** ähneln.

A Viele Männer versuchen, ihre Depressionen durch Alkoholkonsum selbst zu »kurieren«. Das Foto zeigt zwei bis zur Bewusstlosigkeit Betrunkene.

B Ein Football-Spieler hat ein Schädel-Hirn-Trauma erlitten. Beschleunigungsmesser in den Helmen werden zur Untersuchung von SHTs verwendet.

C Querschnitt durch ein gesundes Gehirn (oben) und das geschädigte Gehirn des ehemaligen Football-Spielers Greg Ploetz, CTE Stufe IV.

Das Gefühl des Versagens kann Suizidgedanken, die durch den Verlust der Partnerin oder der Arbeit ausgelöst werden, verstärken. Dabei kann es sich um einen tatsächlichen Verlust handeln, beispielsweise eine Trennung/Scheidung oder Kündigung, aber auch um die anhaltend nagende Angst vor dem Ende einer langjährigen Beziehung oder einer ausbleibenden Beförderung. Weltweit ist die Suizidwahrscheinlichkeit bei Männern zwischen 30 und 49 Jahren am höchsten. Selbstschädigendes (nicht tödliches) Verhalten bei Jungen und Männern scheint ähnliche Ursachen zu haben. Vor allem bei Jugendlichen und jungen Erwachsenen hat dieses Verhalten auch die Funktion eines Hilferufs. Generell kommt selbstschädigendes Verhalten häufiger bei Personen vor, die in einem Haushalt mit Missbrauchsproblemen aufgewachsen sind oder die Depressionssymptome zeigen. Beides kann zu einem Gefühl der Hilflosigkeit führen. Typisch ist Alkoholkonsum vor der Selbstschädigung.

## Klinische Depression

Eine psychische Erkrankung, die sich durch anhaltende Gefühle wie Niedergeschlagenheit und Wertlosigkeit äußert. Betroffenen fällt es oft schwer, tägliche Aufgaben zu verrichten (aufstehen, duschen, zur Arbeit gehen), und sie verlieren das Interesse an Dingen, die ihnen einmal Freude bereitet haben (Hobbys, Sport, Sex).

## Substanzmissbrauch

Übermäßiger Konsum von Alkohol, Medikamenten, Marihuana oder anderen illegalen Drogen. Missbrauch geht einer Abhängigkeit voraus. Beides zusammen wird als Sucht bezeichnet.

## CTE (Chronisch-traumatische Encephalopathie) Eine degenerative Hirnerkrankung, bei der durch Ballungen des Proteins Tau Gehirnzellen absterben.

## Degenerative Demenz

Irreversibler Verlust geistiger Funktionen (Alltagsorganisation, Planung, Regulierung von Emotionen) durch Verletzung oder Degeneration des Gehirns. Geht häufig mit Persönlichkeitsveränderungen einher.

# Die von Männern erwartete Risikobereitschaft begünstigt Handlungen, die zu vermeidbaren Verletzungen und in manchen Fällen zum Tod führen können.

In den letzten zehn Jahren wurde bei mehreren ehemaligen Sportlern eine chronisch-traumatische Encephalopathie (CTE) diagnostiziert. Die Erkrankung scheint eine Folge wiederholter Schläge oder Stöße auf den Kopf zu sein, wie sie beispielsweise beim American Football oder Boxen vorkommen. Symptome der CTE sind Verwirrung, Depression, Störungen der Impulskontrolle, Aggression und degenerative Demenz. Betroffene haben zwar in ihrer aktiven Zeit durch hohes Ansehen und hohes Einkommen profitiert, doch rückblickend stellt sich die Frage, ob dieser Nutzen das Risiko wert war, zumal die Krankheit nach jetzigem Kenntnisstand nicht geheilt werden kann.

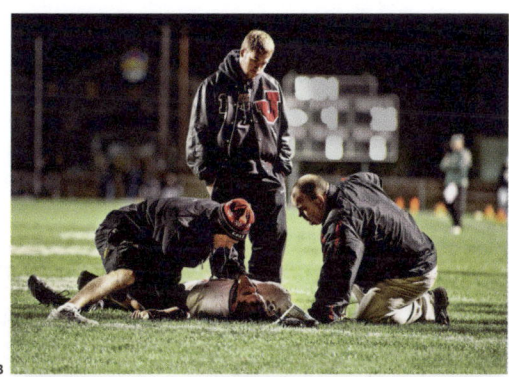

B

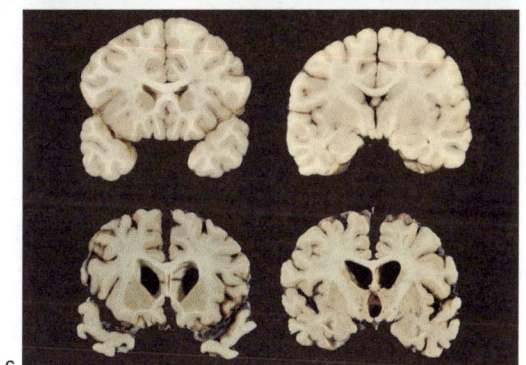

C

A

Männliche Abenteuerlust kann ein Grund dafür sein, dass Männer und Jungen häufiger tödlich verunglücken als Frauen und Mädchen.

In ganz Europa, Kanada, Australien und den USA sterben Männer doppelt so oft wie Frauen bei Autounfällen und viermal so oft durch Ertrinken. Die Wahrscheinlichkeit tödlicher Unfälle während der Arbeit liegt 18-mal höher. Kulturelle Normen begünstigen männliche Risikobereitschaft. Gefährliche Tätigkeiten, etwa der Bau von Wolkenkratzern, werden besser bezahlt. Andere Leistungen, etwa als Erster die Antarktis zu erforschen oder in einer gefährlichen Sportart zu siegen, bringen einen hohen Prestigegewinn ein. Insofern hat es für Männer einen gesellschaftlichen Nutzen, Risiken einzugehen.

B

A   Formel-1-Fahrer Rubens
    Barrichello beim Boxen-
    stopp (China, 2005).
    Tödliche Unfälle kommen
    im professionellen Renn-
    sport selten vor. Im Stra-
    ßenverkehr kommt es
    jedoch durch männliche
    Abenteuerlust besonders
    unter jungen männlichen
    Fahrern oft zu schweren
    Unfällen.
B   Der spanische Matador
    Manuel Díaz González
    alias El Cordobés wird
    beim Kampf in der
    Arena La Misericor-
    dia in Saragossa von
    einem Stier aufgespießt
    (2013). Nur sehr wenige
    Männer sind bereit, so
    hohe Verletzungsrisiken
    einzugehen.

# Weltweit sterben dreimal so viele Männer an Krebsarten im Mundbereich, die durch Rauchen verursacht werden, wie Frauen, und zwei- bis dreimal so oft an den Folgen von Alkohol- oder Drogenmissbrauch. Solche Todesfälle sind vermeidbar.

Zu manchen dieser Krebserkrankungen und Todesfälle kommt es, da Männer versuchen, sich ins kulturelle Raster der hegemonialen Maskulinität einzufügen. Bis in die 1990er-Jahre suggerierte Zigarettenwerbung durch Figuren wie den Marlboro-Cowboy oder den lässig-urbanen Joe Camel, Rauchen sei männlich. Bierwerbung bringt den Konsum häufig mit Sportlichkeit und Erfolg bei Frauen in Zusammenhang. Die mexikanische Biersorte Dos Equis warb jahrelang mit dem »interessantesten Mann der Welt«, einem gut aussehenden Mittfünfziger, der regelmäßig in Begleitung von zwei höchstens halb so alten Frauen zu sehen war.

Männer streben danach, unverwundbar zu erscheinen. Folglich sind sie selten bereit, Probleme zuzugeben oder Hilfe zu suchen. Das erklärt, warum sie im Vergleich zu Frauen oft in schlechterer gesundheitlicher Verfassung sind. Männer gehen seltener zum Arzt als Frauen. Suchen sie schließlich doch einen Arzt auf, ist die Wahrscheinlichkeit, dass ihre Erkrankung schwerwiegend ist, größer als bei Frauen. Dies schränkt die Behandlungsmöglichkeiten ein und setzt die Lebenserwartung von Männern herab.

Abgesehen davon, dass in einigen Ländern für ärztliche Behandlungen hohe Kosten anfallen, wird die schlechtere Gesundheitsvorsorge von Männern oft auch durch berufliche Bedingungen verursacht. Angestellte können sich für Arztbesuche nur in begrenztem Maße frei nehmen. Handwerkern und anderen Selbstständigen droht Verdienstausfall. Diese Probleme verschärfen sich in Regionen mit geringer Arztdichte, in denen die Wartezeiten lang sind. Für Männer, die ihr Selbstwertgefühl über ihre Funktion als Ernährer der Familie definieren, können dies Gründe sein, ihre Gesundheitsvorsorge zu vernachlässigen.

A

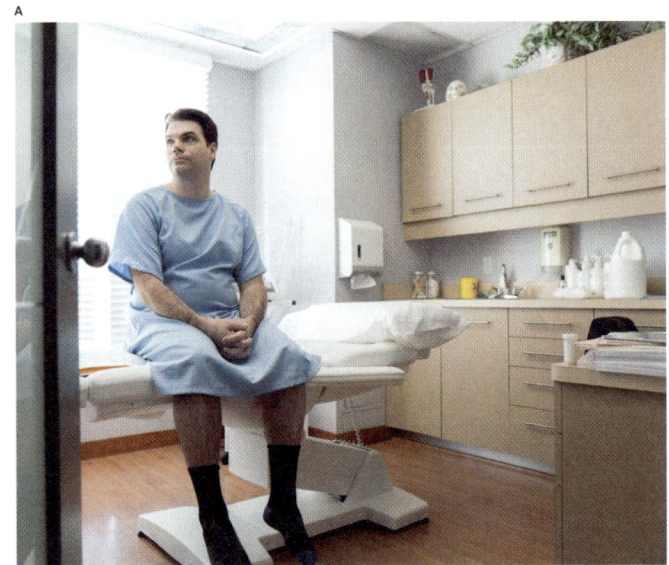

A   Als Patient kann man sich leicht machtlos und verletzlich fühlen. Das ist vor allem für Männer, die sich mit dem hegemonialen Bild identifizieren, schwierig.
B   Teilnehmer der tschechischen Bodybuilding-Meisterschaft warten auf ihren Auftritt.
C   Weil sich das Schönheitsideal verändert, entscheiden sich immer mehr Männer für kosmetische Eingriffe. Hier wurde rechtsseitig eine Fettabsaugung vorgenommen.

**Dysmorphophobie** Eine Störung der Wahrnehmung des eigenen Körpers. Betroffene sind zutiefst unzufrieden mit ihrem Körperbau oder Gewicht, obwohl tatsächlich keine Anomalie vorliegt, bis hin zur wahnhaften Vorstellung, an einem körperlichen Defekt zu leiden. Mögliche Folgen sind Angstzustände, Depressionen und Schwierigkeiten bei der Alltagsbewältigung.

B

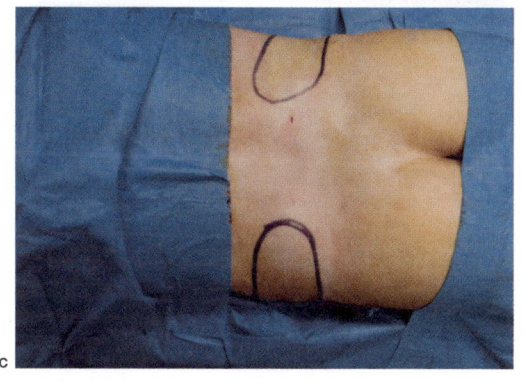

C

Der Wunsch, auch körperlich stark auszusehen, kann dazu führen, dass Männer ein gestörtes Verhältnis zu ihrem Körper entwickeln, vor allem zu ihrer Muskulatur. Übertriebene Anstrengungen, sich dem Wunschbild anzunähern, können die psychische Gesundheit in Mitleidenschaft ziehen und Zwangsstörungen verursachen. Dabei sind die psychologischen Faktoren und Symptome ähnlich wie bei Anorexie. Der medizinische Fachbegriff für solche Erkrankungen lautet **Dysmorphophobie**.

Männliche Models geben oft Aufschluss über die aktuell gültige Vorstellung eines gesunden Mannes. Sie sind heute muskulöser als noch vor wenigen Jahrzehnten. Dasselbe gilt für Schauspieler, vor allem für Darsteller in Actionfilmen. Ein Vergleich der James Bond-Darsteller Sean Connery (*1930) und Daniel Craig (*1968) veranschaulicht diesen Unterschied, aber auch einen anderen: Der frühe Bond hatte eine behaarte Brust, Craig jedoch nicht, ebenso wenig wie die meisten anderen männlichen Models und Filmdarsteller, die oft mit freiem Oberkörper zu sehen sind. Ein unbehaarter Körper entspricht schon länger dem westlichen Schönheitsideal, neuerdings auch dem männlichen.

A

Diese Veränderungen wirken sich sogar auf Spielzeug und andere Produkte für kleine Jungen aus. Vergleicht man Action-Figuren – nicht Puppen! – von 1977, als die ersten *Star Wars*-Filme herauskamen, mit der Neuauflage 20 Jahre später, lassen sich bei Luke Skywalker und Han Solo eine beachtliche Zunahme der Muskelmasse erkennen (nicht nur bei Barbie kam Schönheitschirurgie zum Einsatz). Auch andere Superhelden – beziehungsweise ihre Darsteller – sind deutlich muskulöser geworden.

A  Actionfiguren auf einem Flohmarkt in Spanien. Sie verkörpern ein Idealbild, dem die wenigsten Männer gerecht werden.
B  Richter des Supreme Court und High Court in der Londoner Westminster Abbey, vor dem traditionellen Gottesdienst zu Beginn des neuen Gerichtsjahrs (2018). Bis heute werden Gesetze vorwiegend von Männern gemacht, und oft gewähren sie bestimmten Gruppen von Männern Vorteile gegenüber anderen Männern und Frauen.

Wenn einzelne Männer selbstschädigendes Verhalten entwickeln, kann das aktuelle Männlichkeitsbild die Ursache sein. Auch finanzielle Faktoren können eine Rolle spielen. Wie stellt sich dieses Problem auf gesellschaftlicher Ebene dar? Richtet die hegemoniale Männlichkeit auch dort Schaden an?

B

**Patriarchat** Ein Gesellschaftssystem, in dem Männer, die bestimmten demografischen Kategorien entsprechen und sich am genauesten in das gewünschte (hegemoniale) Männerbild einfügen, bevorzugt werden. Die Bevorzugung kann gesetzlich verankert sein, aber auch Resultat kultureller Normen sein, die Diskriminierung begünstigen.

**Kyriarchie** Ein Gesellschaftssystem, in dem Machtfaktoren wie Wirtschaft, Politik, Religion, soziale Schicht, Geschlecht usw. gleichberechtigt nebeneinander stehen.

Über Jahrhunderte haben Männer Politik, Recht, Wirtschaft und Kultur beherrscht und so das Gesicht von Ländern geprägt. Sie haben Gesetze so gestaltet, dass manche Gruppen von Männern Vorteile genießen, die anderen Männern und Frauen nicht oder in geringerem Maße zur Verfügung stehen. Wie könnte man die Macht von Männern besser gewährleisten als durch Gesetze, die Männer begünstigen und Frauen benachteiligen? Dass Frauen in dieser Gesellschaftsform, dem **Patriarchat**, abgewertet werden, zeigen Redensarten wie »Stell dich nicht so mädchenhaft an«, die schon von Kindern verwendet werden. Der neuere Begriff **Kyriarchat** beschreibt ein verzahntes System, in dem die Macht nicht allein in Händen eines Geschlechts liegt.

A

Feministische Forscherinnen konnten mehrere **sexistische** Praktiken identifizieren, die Macht und Status von Männern stärken, Frauen aber benachteiligen. Ein Beispiel ist die unterschiedliche Bezahlung für gleiche Arbeit. Auch die Tatsache, dass traditionelle Frauenarbeiten meist schlechter bezahlt werden als klassische Männerberufe, trägt zu dieser **Gehaltslücke** bei.

Der Einsatz männlicher Macht zur Beherrschung anderer beschränkt sich nicht auf die Benachteiligung von Frauen. Lange gab es Gesetze, die weißen Männern Macht über Menschen anderer Hautfarbe gaben, und ungeschriebene Regeln, die dafür sorgten, dass letztere Menschen keine Macht erlangen konnten. Besitzeinschränkungen, schlechtere Bildungschancen, Sklaverei und Einwanderungspolitik sind Beispiele dafür, wie eine ethnische Gruppe gegenüber anderen bevorteilt wurde. Dasselbe gilt für die Begünstigung heterosexueller Männer gegenüber homosexuellen durch Gesetze und soziale Gewohnheiten.

Sexismus, Rassismus und Heterosexismus stellen also Strukturen dar, durch die bestimmte Gruppen von Männern Macht über Frauen und andere Männer gewinnen und aufrechterhalten können. Der Preis, den »die anderen« dabei zahlen, hat viele Facetten. Einzelne Personen können schlechter bezahlt oder am beruflichen Vorankommen gehindert werden. Oder sie können stärker gefährdet sein, Opfer unprovozierter Gewaltverbrechen wie Mord oder Vergewaltigung zu werden. Ihr Selbstwertgefühl kann leiden, was schlimmstenfalls zu psychischen Störungen führen kann. Gruppen können unangemessener Strafverfolgung ausgesetzt sein. Schlechte Bildung ist eine Ursache für Armut und Leistungsschwäche. Gerade Leistungsschwäche wird aber oft als Arbeitsunwilligkeit missinterpretiert, was wiederum zu einer Stigmatisierung und Abwertung solcher Gruppen führt.

A   US-Präsident Trump unterschreibt eine Verordnung, mit der die Bereitstellung von Bundesmitteln für Abtreibungen in Übersee verboten wird. Als Zeugen sind seine Berater anwesend: durchweg weiße Männer.

B   Das Women's Institute of Policy Research stellte bei einer Untersuchung der Einkommensverhältnisse fest, dass in den USA noch immer eine Lohnlücke existiert. Die Illustration von Sarah Gochrach zeigt, wie viel eine weiße Frau, eine afroamerikanische Frau und eine iberoamerikanische Frau im Vergleich zu einem weißen Mann verdienen.

**Sexistisch** Verhaltensweisen, Ansichten und Werte, die auf der Überzeugung basieren, dass Männer Frauen von Natur aus überlegen sind. Sexismus kommt auf individueller und gesellschaftlicher Ebene vor.

**Gehaltslücke** Ungleiche Bezahlung Angehöriger zweier verschiedener Gruppen, obwohl sie dieselbe Arbeit verrichten. Die Unterschiede werden oft an demografischen Kriterien festgemacht, wie Gender oder Ethnie.

$1    77¢    65¢    57¢

B

Manche Männer glauben, ihr Machtstreben sei naturgegeben, und die daraus entstehenden Nachteile für manch andere eine unvermeidliche Konsequenz dieses natürlichen Strebens. Einige dieser Männer haben sich politisiert. Sie bezeichnen sich als Männerrechtsaktivisten (MRA).

In ihrer Vorstellung von Maskulinität hat Macht einen hohen Stellenwert. Sie sind überzeugt von der männlichen Dominanz gegenüber Frauen und betrachten Schwule als minderwertig. Im Internet sind sie leicht zu finden, unter Akademikern und organisierten Aktivisten dagegen ist ihr Anteil verschwindend gering. Online drohen sie durchaus mit konkreter Gewalt oder verunglimpfen Einzelpersonen, die ihr Missfallen erregen. Wegen solcher Aktionen meldeten sich die Journalistin Jessica Valenti (angegriffen wegen ihrer Texte) und die Schauspielerin Leslie Jones (wegen ihrer Rolle in der Neuverfilmung von *Ghostbusters*) aus allen sozialen Medien ab. Die Autorin und Genderexpertin Christa Hodapp erklärte 2017, die Onlineangriffe der MRA seien eine ungewöhnliche politische Strategie, aber eine andere stehe ihnen nicht zur Verfügung, da sie sich nicht auf die gynozentrische Kultur einlassen können.

**Männerrechtsaktivisten (MRA)** Personen, die für ein Männerbild eintreten, das sich durch Frauenverachtung und Heterosexismus definiert. Zur Durchsetzung dieser Prinzipien sind sie bereit Gewalt einzusetzen.

**Gynozentrische Kultur** Eine Kultur, in der das Augenmerk hauptsächlich auf Frauen und deren Angelegenheiten liegt.

**Incel** Kurzwort aus »involuntary celibate« (unfreiwilliges Zölibat). Selbstbezeichnung von heterosexuellen Männer, die unfreiwillig keinen Geschlechtsverkehr haben. Eine Internet-Subkultur, die zu Frauenfeindlichkeit und Gewaltbereitschaft tendiert.

A

B

Unter den MRA gibt es einige, die sich selbst als unfreiwillige Zölibatäre oder **Incels** bezeichnen. Sie sprechen sich gegen Gleichberechtigung aus. Manche meinen sogar, Frauen sollten aus dem Berufsleben ausgeschlossen werden, damit sie finanziell von Männern abhängig seien. Ihrer Vorstellung nach ist Promiskuität Merkmal eines »richtigen« Mannes. Viele vertreten sexistische Ansichten und meinen, es sei die Pflicht einer Frau, die sexuellen Wünsche des Mannes zu befriedigen. Online und in Chatrooms äußern sich viele extrem abfällig über Frauen und befürworten sogar Gewalt gegen Frauen, die sich sexuellen Übergriffen widersetzen. Auch Mehrfachmörder wie der Amerikaner Elliot Rodger (2014) und der Kanadier Alek Minassian (2018) waren in Incel-Chatrooms aktiv.

A Der Sheriff von Santa Barbara County identifiziert auf einer Pressekonferenz den Mordverdächtigen Elliot Rodger (oben, 2014). Rodger hatte zunächst in seiner Wohnung drei Menschen erstochen und dann im Freien drei weitere erschossen. Blumen am Tatort fordern Passanten zum Gedenken an die Opfer auf (unten). Rodger wollte wahllos Frauen töten, weil es ihm nicht gelang, Sexualpartnerinnen zu finden oder eine Liebesbeziehung einzugehen.

B Weibliche Anime-Figuren sind in Tokio als Raumschmuck beliebt. Manche Männer entwickeln romantische Gefühle für lebensgroße Anime-Stoffpuppen. So eine »Waifu« kann als Ersatz für eine Beziehung dienen.

Julien
Now say 'Daddy can I have your phone number?' and then start barking like a dog.

A

Viele Incels sind der Ansicht, wenn ein Mann die traditionellen Spielregeln für ein heterosexuelles Date befolgt – ausgehen, höfliche Konversation machen, bezahlen – sei die Frau zum Sex verpflichtet. Im Grunde glauben sie, dass eine Frau, die einem ersten Date zustimmt und nicht mittendrin das Weite sucht, ein unausgesprochenes Versprechen gibt oder zumindest Einverständnis signalisiert.

Unter dem Hashtag **#NotAllMen** engagieren sich Männer gegen Pauschalurteile und verweigern jede Diskussion, die sich auf Männer im Allgemeinen bezieht. Die Aussage, dass nicht alle Männer »X« tun, mag zwar richtig sein, aber sie widerlegt nicht die hier oder an anderer Stelle getroffenen Aussagen. In diesem Sinn erschwert #NotAllMen die Diskussion problematischer Themen. So kann das angemessene Verhalten der meisten Männer zum Schutzschild für das Fehlverhalten weniger werden.

**#NotAllMen** Ein Hashtag, dessen Verwender jede Diskussion verweigert, solange der Gesprächspartner nicht ausdrücklich erklärt, dass allgemeine Aussagen über Männer sich nicht auf ausnahmslos alle Männer beziehen.

Politiker wie Mike Buchanan (*1957), Führer der Partei of Britain's Justice for Men and Boys (and the Women Who Love Them), oder Donald Trump (*1946) scheinen manche Ansichten der MRA zu teilen. Ihr Interesse gilt der individuellen Macht, aber kaum oder gar nicht denen, die ihre Meinung nicht teilen. Sorge oder Empathie für andere, Institutionen oder die lokale Geschichte scheinen ihnen fremd. Damit entfernen sie sich auch von älteren Männlichkeitsbildern wie *noblesse oblige* und Ritterlichkeit, dem guten Hirten oder dem ehrbaren Gentleman des 19. Jahrhunderts. Dagegen erscheint der Organization Man aus der Mitte des 20. Jahrhunderts geradezu harmlos.

A Bild aus dem feministischen Videospiel *The Game: The Game* (2018) von Angela Washko. Die Spieler interagieren mit verschiedenen Pick-up-Artists (PUAs), »unwiderstehlichen Verführern«. In unterschwellig konfliktreichen Mann-Frau-Beziehungen versucht jeder Spieler, möglichst viel vom anderen zu bekommen.
B Kundgebung am International Men's Day in Kalkutta, Indien (2014). Das Hauptanliegen dieser Männer ist die Durchsetzung genderneutraler Gesetze in Indien.

B

# 3. Männer und zwischenmenschliche Beziehungen

A

Die heute gängige Definition von Maskulinität umfasst Vorgaben, die zwischenmenschliche Beziehungen erschweren können. Die Trennung zwischen Privatem und Geschäftlichem bewirkt beispielsweise, dass Gefühle und persönliche Beziehungen nicht zählen, wenn es um Erwerb oder Einsatz von Macht geht.

Obwohl Menschen von Natur aus soziale Wesen sind, bewirkt das Ideal der Unabhängigkeit, dass Männer versuchen, möglichst ohne ihre Mitmenschen und deren Unterstützung auszukommen.

Psychoanalytiker und Philosophen, von Sigmund Freud bis Martin Buber (1878–1965), und Organisationen wie AgeUK und die Weltgesundheitsorganisation WHO haben darauf hingewiesen, wie notwendig zwischenmenschliche Beziehungen für das Wohlergehen sind. Wir leben in Gruppen und brauchen die soziale Interaktion. Leben Menschen längere Zeit isoliert, kann es zu Störungen der psychischen Gesundheit kommen. Die meisten Menschen wenden sich an andere, wenn sie deprimiert, aufgeregt oder verängstigt sind. Manchmal geht es einfach darum, nicht allein zu sein, manchmal auch darum, sich konkreten Rat zu holen. Soziale Unterstützung kommt der körperlichen und psychischen Gesundheit zugute.

## Das Ideal der Unverletzlichkeit bewirkt, dass Männer versuchen, ihr Bedürfnis nach Emotionalität zu verringern. Dadurch bringen sie sich selbst um positive Gefühle wie Liebe, Freude, Überraschung oder Stolz. Zudem beflügeln Emotionen die Kreativität.

A Verbindungshaus auf dem Gelände der University of Virginia in Charlottesville (USA). Solche Häuser dienen ihren Mitgliedern als Treffpunkt. Viele Studentenverbindungen nehmen ausschließlich männliche Mitglieder auf.

B Nach dem Tod von Armando Villa (2014) forderten seine Angehörigen und Freunde vor der California State University (Northridge, USA) die Abschaffung von Aufnahmeritualen der Studentenverbindungen. Solche teils entwürdigenden, teils gefährlichen Rituale sind nach wie vor in zahlreichen Verbindungen üblich.

C Trauernde vor der Studentenverbindung Sigma Alpha Epsilon nahe der San Diego State University nach der Nachricht, dass in der Bruderschaft Phi Kappa Theta ein Student ums Leben gekommen war (2012).

Das Ideal der Unverletzlichkeit erschwert es Männern, über ihre Empfindsamkeit zu sprechen, denn dieser Gefühlsbereich ist naturgemäß verletzlich. Zudem sollen sie Problemlöser sein, also *handeln* und nicht *fühlen*. Beispielsweise werden Männer bei Problemen häufiger gefragt: »Was willst du nun tun?« statt »Wie geht es dir damit?«. Dass von Männern Gefühllosigkeit erwartet wird, drücken auch Redensarten wie »Echte Kerle weinen nicht« aus.

A   Das Fußballfeld ist einer der wenigen Orte, an denen Männer Emotionen hemmungslos ausdrücken können. Hier umarmt Sevillas Mittelfeldspieler Éver Banega seinen Teamkollegen Wissam Ben Yedder, um ihm zu einem Torschuss zu gratulieren (UEFA Cup 2018).

B   Nach der Niederlage der deutschen Mannschaft im Spiel gegen Italien bei der FIFA-Weltmeisterschaft 2006 kämpft ein enttäuschter deutscher Fan mit den Tränen.

In Paarbeziehungen kommt neben der Unabhängigkeit und Unverletzlichkeit noch die Vorgabe hinzu, Männer sollen nicht feminin sein. Der Ausdruck von Emotionen wird in der hegemonialen Ideologie als typisch weibliches Merkmal verstanden und gilt folglich für Männer als unangemessen. Da homosexuelle Männer fälschlicherweise als feminin betrachtet werden, kann ein Mann, der sich um emotionale Nähe zu einem anderen bemüht, allzu leicht als schwul oder unmännlich abqualifiziert werden. Diese Vorstellungen und Verhaltensmuster existieren auch in (jüngeren) Generationen, die der männlichen Homosexualität mit größerer Akzeptanz begegnen.

Diese Vorgaben verhindern selbstverständlich nicht, dass ein Mann Gefühle
hat. Sie beeinflussen aber, wie und
wann er sie zum Ausdruck bringen kann.
Aufgrund dieser **Regeln des Emotionsausdrucks** ist es eher vorstellbar, dass
ein Mann »in sein Glas« weint als an
jemandes Schulter. In beiden Fällen
bringt Traurigkeit ihn zum Weinen, aber
kulturelle Regeln bestimmen, wie er
diese Traurigkeit zum Ausdruck bringt.

Ein norwegisches Forscherteam hat diese
Dynamik 2012 in einer Studie untersucht. Sie
haben die Probanden (freiwillige Studenten)
einem Schmerzreiz ausgesetzt: Sie sollten
einen Fuß mehrere Minuten in Eiswasser
tauchen. Die physiologische Reaktion wurde
gemessen, und die Probanden wurden auf-
gefordert, den Schmerz anhand einer Zahlen-
skala zu benennen. Sämtliche jungen Männer
nannten gegenüber weiblichen Versuchsleitern
geringere Zahlen als gegenüber männlichen,
obwohl sich die physiologischen Messwerte
nicht unterschieden.

**Regeln des Emotions-
ausdrucks** Gesellschaftliche
Regeln, die festlegen, wie
Emotionen zum Ausdruck
gebracht werden dürfen, wem
gegenüber und in welchem
Kontext. Diese Regeln können in Bezug auf unterschiedliche Emotionen variieren.

B

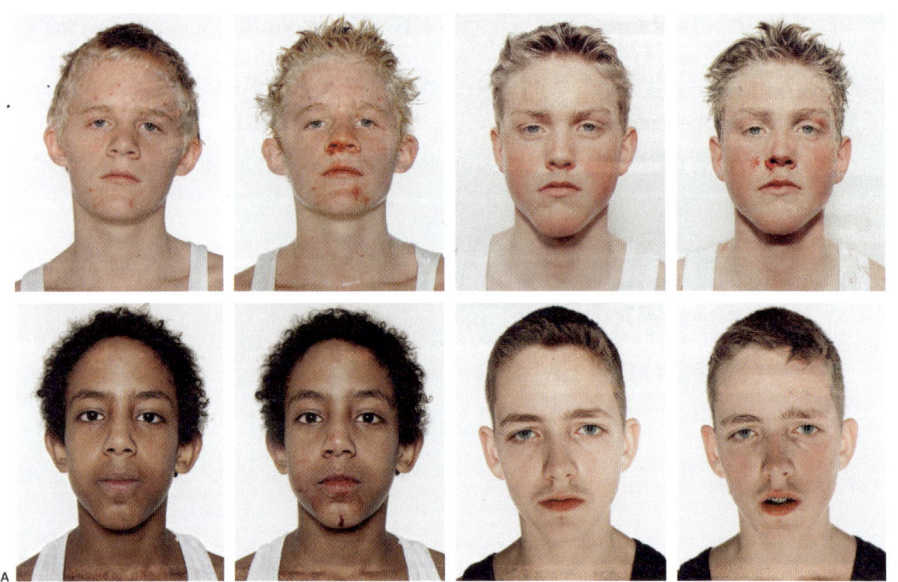

A

# In der westlichen Welt ist Zorn eine Emotion, die Männer am ehesten ausdrücken dürfen.

Im Zusammenhang mit männlicher Wut sprach der Kommentator Don Long (1987) von einer **emotionalen Kanalisierung**. Zorn und Wut dienen als Kanäle, um negative Gefühle wie Angst, Enttäuschung oder Neid ausagieren zu können. Studien zufolge fühlen sich Männer, die großen Wert darauf legen, unverletzlich, unemotional und auf keinen Fall weiblich zu erscheinen, häufiger einsam. Sie können emotionale Nähe nur schlecht zulassen und erleben seltener erfüllende Beziehungen. Viele dieser Männer meinen, es sei besser, Zorn oder Aggression zu zeigen, statt andere Emotionen auszudrücken.

A  Diese Porträtpaare von Nicolai Howalt zeigen junge Boxer vor und nach ihrem ersten Kampf. Gezeigt wird jeweils das entschlossene Gesicht vorher (links) und das verletzte, geschwollene Gesicht nachher (rechts). Die Jugendlichen haben ihren Zorn kanalisiert, um zuschlagen zu können. Aber nach dem Kampf drücken ihre Gesichter Verletzlichkeit aus.

Weil Männer in weiten Teilen der westlichen Welt nicht ermutigt werden, ihre Emotionen zu zeigen, achten sie meist auch nicht auf ihr Gefühlsleben. Das gängige Männerbild gibt ihnen keinen Grund dazu. Für Männer, die weder auf ihre Gefühle hören noch sie ausdrücken, hat es wenig Sinn, um Mitgefühl zu bitten. Darum sind sie oft sehr verunsichert, wenn von ihnen Mitgefühl erwartet wird. Viele wissen nicht, wie sie reagieren sollen, wenn ihnen jemand Gefühle offenbart. Letztlich steht also die Manbox dem männlichen Mitgefühl im Weg.

**Emotionale Kanalisierung** Die Vorstellung, manche Männer würden dazu neigen, negativ besetzte Gefühle wie Trauer, Angst oder Eifersucht in Zorn und Wut »ummünzen«, um sie ausagieren zu können.

In spanisch sprechenden Ländern gibt es kulturelle Ideale wie *personalismo* und *simpatía,* die zwischenmenschliche Beziehungen und emotionale Nähe ausdrücklich befürworten. In vielen Pazifik-Anrainerstaaten zielen die Regeln des Emotionsausdrucks hauptsächlich darauf ab, die soziale Harmonie aufrechtzuerhalten und übermäßiges Aufsehen zu vermeiden. Das Geschlecht spielt dabei eine untergeordnete Rolle.

# Auch der Kapitalismus begünstigt das Streben nach Macht und Ansehen.

Arbeitswelt und Unternehmenskultur tragen zum Fortbestehen des hegemonialen Männerbildes heute ebenso bei wie in den 1950er-Jahren. Für viele Angestellte geht es vorwiegend um das Produkt ihrer Arbeit und um Gehaltserhöhungen. Durch das Karrierestreben verlieren zwischenmenschliche Beziehungen am Arbeitsplatz an Wert. Jeder weiß, dass er ersetzbar ist. Gefühle gegenüber dem Vorgesetzten, den Kollegen oder Untergebenen gelten als irrelevant. Was zählt, sind das Funktionieren des Unternehmens und der Profit.

Seit in der westlichen Welt neben der reinen Produktion auch Dienstleistungs- und Know-how-Sektor an Bedeutung gewinnen, hat sich die Definition für gute Leistung im Beruf verändert. »Soft Skills« sind gefragt, um gender-unabhängig gute Beziehungen zu Kunden und Mitarbeitern aufzubauen

A

A   Um ihren Arbeitsplatz nicht zu verlieren, haben Nachtschicht-Mitarbeiter der Hongkong and Shanghai Banking Corporation ihren Tagesrhythmus umgestellt. Es entspricht der heutigen Unternehmenskultur, dass Mitarbeiter ihre Bedürfnisse denen der Firma unterordnen.

B   Englische Pfadfinder-Leistungsabzeichen für Jungen (2014), von links nach rechts: Abzeichen für Motorsport, Kampfkunst und Luftaktivitäten. Neuerdings gibt es auch Aufnäher für Fähigkeiten und Aktivitäten wie Fotografieren, Gärtnern, Camping, achtsamen Umgang mit Menschen mit Einschränkungen und Fundraising.

B

und aufrechtzuerhalten. Sachkompetenz allein genügt nicht mehr, um ein guter Angestellter zu sein. Es gilt, die Wünsche und Anforderungen des Kunden zu verstehen und möglichst vorwegzunehmen, einen guten Eindruck zu machen und für maximale Kundenzufriedenheit zu sorgen. Da viele Männer diese Fähigkeiten nicht von Kindheit an gelernt haben, fühlen sie sich im Beruf Frauen gegenüber benachteiligt. Insofern schadet das hegemoniale Männerbild ihrer Karriere.

Diese Mischung aus Männlichkeitsidealen und Unternehmenskultur zeigt sich schon in den Aktivitäten, für die sich Jungen entscheiden oder zu denen sie motiviert werden. Sportvereine oder Pfadfindergruppen beispielsweise haben oft eine klar strukturierte Hierarchie. Wer Leistung bringt, hat Aussicht auf einen Aufstieg. Jeder weiß, dass er ausgetauscht werden kann, wenn er zu oft fehlt oder ungenügende Leistungen zeigt. Die Aktivitäten sind ergebnisorientiert, es geht ums *Tun* – ein Spiel gewinnen, ein Projekt vollenden – statt um Aspekte des *Seins*, etwa emotionale Intelligenz oder das Verstehen der Gruppen- oder Beziehungsdynamik. Jungen und ihre Eltern hoffen meist, dass durch solche Aktivitäten Freundschaften geknüpft werden. Tatsächlich helfen Freundschaften, das Gruppenziel zu erreichen, ansonsten haben sie innerhalb der Gruppe aber keinen hohen Stellenwert. Ähnlich wie am Arbeitsplatz geht es auch in solchen Gruppen vorwiegend um die Funktion.

A Ein Produkt, zwei Marketingstrategien: rosa Ohrstöpsel, die ausdrücklich als »weich« beschrieben werden, für Frauen und silbrige Stöpsel im Schrauben-Design für Männer.

B Eine englische Konditorei bietet zur Geburt Torten an, die mit klischeehaften Farben und Motiven die Frage »Mädchen oder Junge« stellen. Nach dem Anschneiden gibt eine Cremeschicht in Rosa oder Hellblau die Antwort.

A

Das geringere Bewusstsein von Jungen für Emotionen und Beziehungen, wird schon in der Kindheit durch Eltern, Lehrer und andere Erwachsene geprägt. Mit Jungen wird weniger über ihre Gefühle oder die Qualität ihrer Freundschaften gesprochen als mit Mädchen. Das wirkt sich schon bei Sechsjährigen aus. Folglich sind Jungen weitaus weniger geübt darin, über Gefühle und Beziehungen nachzudenken und zu sprechen, wenn sie das Erwachsenenalter erreichen.

**Gender-typisch** Wenn sich eine Person so verhält, wie es in ihrer Kultur von Angehörigen ihres Geschlechts erwartet wird. Das gender-typische Verhalten einer Person kann mehr oder weniger stark ausgeprägt sein.

Dieselben Muster zeigen sich in Medien, die sich gezielt an männliche und weibliche Rezipienten richten, und deren Publikum klare Vorstellungen über die Geschlechterbilder hat. Handlungsorientierte Sendungen (Sport, Actionfilme usw.) richten sich hauptsächlich an Jungen und Männer, während Frauen und Mädchen die Kern-Zielgruppe für emotions- und beziehungsbezogene Themen sind (Seifenopern, Promi-Klatsch usw.). Wenn Sportler äußern, einem Teamkollegen zu vertrauen, sprechen sie über ein gemeinsam zu erreichendes Ziel. Verwendet eine Figur aus einer Seifenoper denselben Ausdruck, geht es oft um private Informationen, die gegen sie verwendet werden könnten.

# Väter legen oft größeren Wert auf die Männlichkeit ihrer Söhne als Mütter.

Diese Einflussnahme fängt sehr früh an. Sie zeigt sich beispielsweise darin, wie wir ein Neugeborenes 48 Stunden nach seiner Geburt beschreiben. Babys dieses Alters schlafen, trinken und machen in die Windeln – mehr nicht. Dennoch verwenden Eltern oft gender-typische Begriffe. Mädchen werden beispielsweise als »hübsch« oder »süß« bezeichnet, Jungen als »kräftig« oder »aktiv«. Dieser Sprachgebrauch fällt vor allem bei Vätern von Söhnen auf. Soziologen zufolge behandeln Eltern Jungen und Mädchen in Bezug auf die Förderung von Wissenserwerb, motorischen Fähigkeiten und zahlreichen anderen Aktivitäten weitgehend gleich, abgesehen von Beschäftigungen, die als geschlechtstypisch betrachtet werden (Fußball spielen/mit Puppen spielen). Auch hier zeigen Väter von Söhnen oft ein besonderes Engagement.

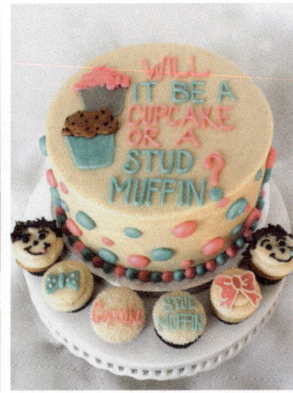

B

Wahrscheinlich wirkt sich das übliche Männlichkeitsbild auch negativ auf Beziehungen zwischen Männern aus. Unabhängig von Ethnie und sexueller Orientierung berichten viele, dass ihre Freundschaften mit anderen Jungen oder Männern nicht so eng sind, wie sie es gern hätten, und wünschen sich, emotionale Offenheit und Nähe wären in männlichen Freundschaften einfacher.

Normalerweise haben Männer in der westlichen Welt Kumpel und Bekannte, aber nur wenige enge Freunde. Selbst wenn enge Freunde Zeit miteinander verbringen, gehen sie oft gemeinsam einer Aktivität nach, statt nur miteinander zu reden. Freundinnen dagegen ziehen meist Aktivitäten vor, bei denen sie aufeinander eingehen.

A

B

**Sich produzieren** Verhaltensweisen, die vom normalen Alltagsverhalten abweichen und darauf abzielen, wahrgenommen, anerkannt oder bewundert zu werden.

A  Junggesellenpartys bieten jungen Männern Spielraum, gegen konventionelle Verhaltensregeln zu verstoßen. Das aufblasbare Penis-Kostüm dieses jungen Mannes auf der Rambla in Barcelona würde man in einem anderen Kontext inakzeptabel finden.

B  Demütigung als »Spaß«: Dieser künftige Bräutigam wurde an einen Torpfosten gefesselt, um ihn mit Bällen zu beschießen (Reading, Großbritannien).

C  Unangemessenes Verhalten ist weder eine normale noch eine zwangsläufige Erscheinung in Männergruppen. Diese jungen Feuerwehrmänner in Johannesburg (Südafrika) arbeiten beim Löschen eines Brandes eng zusammen.

c

Wenn Männergruppen sich treffen, kommt es gelegentlich zu unangemessenem oder verantwortungslosem Verhalten. Typische Beispiele sind Fußballfans bei Auswärtsspielen oder Junggesellenabschiede. Besonders besorgniserregend ist aber das Verhalten in ausschließlich männlichen WhatsApp-Gruppen. Männer, meist zwischen 20 und 30 Jahren, posten dort außergewöhnlich beleidigende, sexistische, frauenverachtende oder rassistische Äußerungen und nutzen dabei die Anonymität des Mediums. Sie **produzieren sich** und wetteifern miteinander, um sich in der Gruppe zu etablieren und andere zu beeindrucken.

Zu solch negativen Verhaltensweisen kommt es keineswegs immer. Männer, die sich in typisch männlichen Umfeldern wie dem Militär, einer Sportmannschaft oder bestimmten Berufen (z. B. Ersthelfer) bewegen, berichten oft über enge persönliche Beziehungen zu anderen Männern, die sie sehr hoch bewerten, weil sie ihnen Unterstützung und Trost bieten.

# Wirkt sich das heutige Männerbild schädlich auf Mann-Frau-Beziehungen aus?

Jungen und Männer werden dazu erzogen, Emotionen zu unterdrücken und keine Verletzlichkeit zu zeigen. Welche Fähigkeiten und Erfahrungen bringt ein Mann dann mit, wenn er eine Liebesbeziehung eingeht? Es kann für einen Mann eine sehr ungewohnte Erfahrung sein, eine Partnerin zu finden, der er sein Gefühlsleben ohne Hemmungen offenbaren mag. Das könnte der Grund dafür sein, dass manche Männer sich schnell und intensiv verlieben: Womöglich ist die Partnerin die einzige Person, der gegenüber er sich öffnen kann.

A   Eine Eheschließung ist ein wichtiges Lebensereignis, in das beide Partner große Hoffnungen und Erwartungen setzen. Das Foto zeigt eine Trauung in der katholischen Kirche im schwimmenden Dorf Kompong Luong in Kambodscha.

B   Diese Fotos drücken aus, dass eine Heirat für indische Paare eine ernste Angelegenheit ist. Männern, die in zwischenmenschlichen Dingen weniger geübt sind, fällt es oft schwer, Probleme in der Partnerschaft zu lösen.

A

B

Aber was bedeutet das für die Partnerin? Schon beim ersten Kennenlernen bringt die Frau oft mehr Wissen und Erfahrung über Gefühle und Beziehungen mit. Dadurch wird sie oft zur »Beziehungsexpertin«, die mehr Zeit und Kraft dafür einsetzt, die Beziehung zu stärken und Unstimmigkeiten auszugleichen. Möglicherweise wird ihr vorgeworfen, zu emotionsbetont zu sein, einfach weil sie emotionaler ist als ihr Partner, und weil dieser gelernt hat, Gefühle gering zu schätzen.

Ein Mann, dem es an emotionaler Erfahrung fehlt, erkennt möglicherweise nur schwer, wenn die Beziehung kriselt, und er verfügt nicht über geeignete Lösungsstrategien. Wenn er Mühe hat, die Gefühlslage seiner Partnerin zu verstehen, nimmt er emotionale Schwierigkeiten möglicherweise generell nicht wahr. Auch die Machtorientierung kann die Beziehungsdynamik beeinflussen. Ihm geht es vielleicht darum, eine Auseinandersetzung zu »gewinnen«, obwohl es hilfreicher wäre, Verletzlichkeit zu zeigen und eine gemeinsame Lösung anzustreben.

A

Im Extremfall könnte ein Mann zu körperlicher Gewalt greifen, um seine Machtposition zu behaupten. Viele Männer, die wegen **häuslicher Gewalt** unter Anklage standen, haben eingeräumt, dass dieser Faktor eine Rolle gespielt hat. Gerade solche Männer sind oft unsicher und haben Schwierigkeiten, Gefühle wie Trauer oder Angst auszudrücken. Viele wurden von einem Vater erzogen, der zu körperlicher Aggression neigte. In Bezug auf häusliche Gewalt könnte man Männlichkeit also definitiv als toxisch bezeichnen.

A  Foto von Li Hongxia, die 2016 in der chinesischen Provinz Henan von ihrem Ehemann ermordet wurde. Das Bild lehnt an dem Kühlschrank, in dem er ihre Leiche aufbewahrte.

B  Plakate der britischen Kampagne »No More« zur Vorbeugung gegen häusliche Gewalt und sexuelle Übergriffe zeigen männliche Opfer.

**Häusliche Gewalt**
Gewalt gegen Angehörige des Haushalts, meist den Lebens- oder Ehepartner oder Kinder.

**South-South Institute**
Regelmäßige Konferenz, die männlichen Überlebenden helfen soll, mit dem »langen Schatten« sexuellen Missbrauchs umzugehen. Sie richtet sich an Betroffene auf der ganzen südlichen Erdhalbkugel.

**MaleSurvivor** Eine US-Hilfsorganisation für männliche Opfer von Vergewaltigung, sexuellem Missbrauch und Gewalt. In Onlineforen können Betroffene Hilfe suchen oder andere unterstützen.

**1in6** Eine US-Hilfsorganisation für männliche Opfer von Vergewaltigung, sexuellem Missbrauch und Gewalt. Der Name bezieht sich auf eine offizielle Schätzung aus dem Jahr 2012, derzufolge jeder sechste Mann oder Junge im Laufe seines Lebens betroffen ist.

**MenHealing** Eine US-Hilfsorganisation für männliche Opfer von Vergewaltigung, sexuellem Missbrauch und Gewalt, die betreute Wochenend-Workshops anbietet.

# Es kommt zwar auch vor, dass Frauen bei Auseinandersetzungen in der Beziehung gewalttätig werden, doch insgesamt geht häusliche Gewalt häufiger von Männern aus und führt zu schwerwiegenderen körperlichen Verletzungen. Darüber hinaus kommen durch häusliche Gewalt mehr Frauen ums Leben als Männer.

Männer, die Opfer von häuslicher Gewalt oder sexuellen Übergriffen werden, haben aufgrund der gängigen Vorstellungen über Männlichkeit eine besonders schlechte Position. Unabhängig vom Geschlecht empfindet jedes Opfer eines solchen Angriffs Scham. Für Männer ist die Situation schwieriger, da sie dem Klischeebild zufolge unverletzlich sein sollen. In unserem kulturellen Bewusstsein hat das männliche Opfer keinen Platz. Viele betroffene Männer sind mit der Situation allein, weil Hilfsangebote ausschließlich an Frauen gerichtet sind. Männer, die sich an Frauenhäuser wandten, wurde sogar vorgeworfen, auf der Suche nach einem Opfer zu sein – entweder einem ehemaligen oder einem künftigen. Veranstaltungen wie die Konferenz des South-South Institute und Organisationen wie MaleSurvivor, 1in6 oder MenHealing versuchen, die Lücke zu schließen. Das Fehlen von Hilfsangeboten könnte darauf zurückzuführen sein, dass Männer immer noch eher als Täter und Frauen eher als Opfer gesehen werden, und Männer dazu neigen, ihre Gesundheit zu vernachlässigen.

B

A

# Manche Männer betrachten Frauen als Sexualobjekte und würdigen sie damit menschlich herab.

Es liegt nahe, dass Männer, die ihren Emotionen wenig Aufmerksamkeit schenken und Resultate wichtiger finden als persönliche Beziehungen, zur Promiskuität neigen. Wenn sich die Gefühlswahrnehmung auf Lust beschränkt und ein Mann kein Interesse an einer engen emotionalen Beziehung hat, ist es für ihn einfacher, eine Frau als Sexualobjekt zu betrachten, das ihm eine gute Zeit verschafft. One-Night-Stands oder Hook-ups sind kein Problem, wenn beide Partner ihre Wünsche offen und ehrlich äußern. Wenn ein Mann aber lügt, um Sex zu bekommen, ist das respektlos.

Toxisch wird Männlichkeit, wenn Männer darum konkurrieren, wer am schnellsten zum Sex kommt oder die attraktivste Partnerin findet. Dieses Wettbewerbsdenken führt leicht zu einem unehrlichen Umgang mit einer oder mehreren

Sexualpartnerinnen. Hinzu kommt, dass manche Männer sich gern mit Eroberungen brüsten, ähnlich wie mit Geschichten über besondere Leistungen beim Sport, um anderen zu imponieren. Wenn das geschieht, spielt die ausgenutzte Partnerin womöglich über längere Zeit eine Rolle im sozialen Leben des Mannes, ohne davon zu wissen.

Obwohl das gängige Männerbild dazu verleitet, sehen sich die meisten Männer nicht als »Aufreißer« und haben wenig Interesse an One-Night-Stands. 2003 wurden Studenten befragt, wie viele Sexualpartnerinnen sie in den nächsten 30 Tagen gern hätten. Die meisten gaben keine oder eine an, nur jeder Vierte wünschte sich mehrere Partnerinnen (bei Frauen jede Zwanzigste). Die Zahl derer, die tatsächlich mehrere Partnerinnen haben, ist noch geringer. Aus einigen Studien geht hervor, dass höchstens 10% der Männer drei Partnerinnen im Jahr haben, und weniger als 5% haben in drei aufeinanderfolgenden Jahren je drei Partnerinnen. Übrigens verraten die Tagebücher des Adligen Giacomo Casanova (1725–1798), dass auch der berühmte Verführer etwa drei Partnerinnen pro Jahr hatte.

B

A    Männer und Sex-Arbeite-
     rinnen in einer Strip-Bar
     im Vergnügungsviertel
     Patpong in Bangkok,
     Thailand.
B    Beim Karneval in Cardiff
     (Wales) führen Kostü-
     mierte mitten auf der
     Straße eine Sex-
     Pantomime auf.
C    Alkohol verleitet wegen
     seiner enthemmenden
     Wirkung zur Promiskui-
     tät. Das Foto zeigt junge
     Erwachsene bei »Trink-
     spielen« in einer Bar.

C

Ein extremer Ausdruck der Vorstellungen, die in der hegemonialen Ideologie in Bezug auf Sexualität, Macht über Frauen und emotionale Ausdruckslosigkeit herrscht, ist die **Vergewaltigungskultur**. Hier besteht die Bedeutung von Frauen ausschließlich oder größtenteils darin, sich aufreizend zu kleiden und zu verhalten und zum Sex zur Verfügung zu stehen. Allein darin liegt der Wert einer Frau. Fähigkeiten, Interessen, Gefühle und andere Aspekte ihrer Persönlichkeit sind irrelevant.

A  Die goldene Skulptur von Plastic Jesus und Joshua Monroe zeigt Harvey Weinstein, der auf seiner berüchtigten Casting-Couch sitzt und eine Oskar-Figur hält.

B  Die Studentin Emma Sulkowicz wurde 2012 von einem Mitstudenten vergewaltigt und zeigte die Tat an, aber es wurden keine Ermittlungen eingeleitet. Als Protest trägt sie ständig eine Matratze mit sich herum, sogar zu ihrer Abschlussfeier 2015.

Der Begriff Vergewaltigungskultur impliziert, dass das Einverständnis der Frau kaum eine Rolle spielt. Die Anschuldigungen gegen Harvey Weinstein (*1952), die erstmals im Oktober 2017 laut wurden, die bloße Vorstellung einer »Casting Couch«, das Verhalten einiger Oxfam-Mitarbeiter nach dem Erdbeben in Haiti (2010) oder der Tailhook-Skandal in den US-Streitkräften (1991) sind alles Beispiele für Vergewaltigungskultur. Manchen Studentenverbindungen und männlichen Sportmannschaften wird nachgesagt, gezielt Räume zu schaffen, um sexuelles Fehlverhalten ihrer Mitglieder zu ermöglichen und zu verstecken. Darum ging es in dem Dokumentarfilm *Freiwild: Tatort Universität* (2015).

B

Ein Männlichkeitsideal, das Promiskuität und Konkurrenz um Partnerinnen begünstigt und Sex im Kontext von Liebe abwertet, ermutigt Männer, viele Sexualpartnerinnen zu haben. Wenn Aggression oder Gewalt toleriert oder sogar befürwortet werden und gleichzeitig die Vorstellungen vorherrschen, dass Männer und Frauen sich grundsätzlich unterscheiden, dass sexuelle Beziehungen auf diesen Gegensätzen beruhen und sich jeder nur möglichst viel vom Partner »holen« will, kommt man leicht zu der Ansicht, es sei akzeptabel, wenn Männer lügen, die Urteilsfähigkeit von Frauen durch Alkohol oder Drogen beeinträchtigen oder sie mit körperlicher Gewalt zum Sex nötigen. Tatsächlich sind nur sehr wenige Männer dieser Ansicht. Aber viele mischen sich aus falsch verstandener Männersolidarität nicht ein, wenn sie Zeugen von Fehlverhalten werden. Aus diesem Grund stellen einige Frauen die These auf, alle Männer würden in gewisser Weise die Vergewaltigungskultur unterstützen.

**Vergewaltigungs-kultur** Kulturelle oder gesellschaftliche Praktiken, die begünstigen, dass Frauen vergewaltigt und als Sexualobjekte betrachtet werden.

**Intervention Außenstehender** Wenn ein unbeteiligter Zeuge sich einmischt, um einen Übergriff zu verhindern, statt tatenlos zuzusehen.

Das Männer sich nicht einmischen, hat oft auch mit Unsicherheit zu tun. Sie wissen nicht, wie sie schädliche Verhaltensmuster außer Kraft setzen können. Darum wird in manchen Vorbeugungsprogrammen bewusst die **Intervention Außenstehender** geübt.

A

# Die Einstellung der hegemonialen Männlichkeit zum Sex spiegelt sich in der Pornografie wider.

Pornografie wird hauptsächlich von Männern konsumiert. In vielen Pornofilmen wird dabei suggeriert, dass Geschlechtsverkehr ohne eine Beziehung oder eine emotionale Verbindung der Beteiligten immer angenehm ist, eine verbale Einverständniserklärung unnötig sei und die penetrierten Personen den Sex (fast) immer genießen würden, obwohl sie ihn anfangs abgelehnt haben und/oder der Geschlechtsverkehr gegen ihren Willen stattfand. Dazu wird der Eindruck vermittelt, jeder sei jederzeit zum Sex bereit. Sexuelle Erregung wird oft mit Gewalt oder der gezielten Erniedrigung von Frauen in Zusammenhang gebracht.

Diese Filmthemen spiegeln die Verhaltensregeln der Manbox wider, mächtig und emotionslos zu sein und bei Bedarf Gewalt anzuwenden. Häufiger Konsum solcher Filme kann bewirken, dass Betrachter sie für wahr halten und sich entsprechend verhalten. Filme und daraus resultierende Ansichten tragen zur Vergewaltigungskultur bei.

Pornografie kann Ansichten über Beziehungen und Sexualität formen oder verstärken und insofern negativen Einfluss auf junge Männer ausüben. Personen, die relativ viel Pornografie konsumieren, neigen dazu, mit ihren realen Beziehungen unzufriedener zu sein. Bei jungen Männern können solche Filme Unsicherheit oder Unzufriedenheit in Bezug auf ihre Muskulatur oder Penisgröße bewirken. Hierzu gibt es jedoch unterschiedliche Studienergebnisse.

Die Ergebnisorientierung von Männern – also eine Aufgabe erfolgreich zu erledigen – trägt dazu bei, dass die Penetration (Einführung des Penis in Vagina oder Anus) eine übergeordnete Rolle spielt. Dies wiederum bewirkt, dass Männer, die von Erektionsstörungen betroffen sind oder die befürchten, es könnten Störungen eintreten, eventuell stark in ihrem Selbstwertgefühl beeinträchtigt werden.

Im medizinischen Sinne wird eine erektile Dysfunktion als »regelmäßig und über einen längeren Zeitraum auftretende Schwierigkeit, eine Erektion zu erzielen oder beizubehalten« definiert. Sie tritt vorwiegend bei Männern auf, die an Durchblutungsstörungen leiden, übergewichtig oder älter sind. Wenn Nervosität, stimmungsverändernde Substanzen oder äußere Umstände die Ursache sind, liegt kein medizinisches Problem im engeren Sinne vor. Dennoch wendet sich die Werbung für Viagra, Cialis und ähnliche Produkte an jüngere Männer, und auch die Medizin konzentriert sich zunehmend darauf, die Qualität der Sexualität zu verbessern, statt den Männern zu helfen, mit Angst oder natürlichem Nachlassen der Erektionsfähigkeit umzugehen.

A  Auf der Eroticon-Messe in Polen stellen zahlreiche Firmen aus, die Unterhaltung für Erwachsene produzieren. Auch Life-Shows werden geboten. Die Besucher sind überwiegend Männer.

B  Eine Studie der Cambridge University (2014) ergab, dass bei Menschen, die zwanghaft Internet-Pornografie konsumieren, während der Betrachtung das Belohnungszentrum im Gehirn wesentlich stärker aktiviert wird als bei gesunden Probanden.

GESUNDE PROBANDEN

ZWANGHAFTE KONSUMENTEN

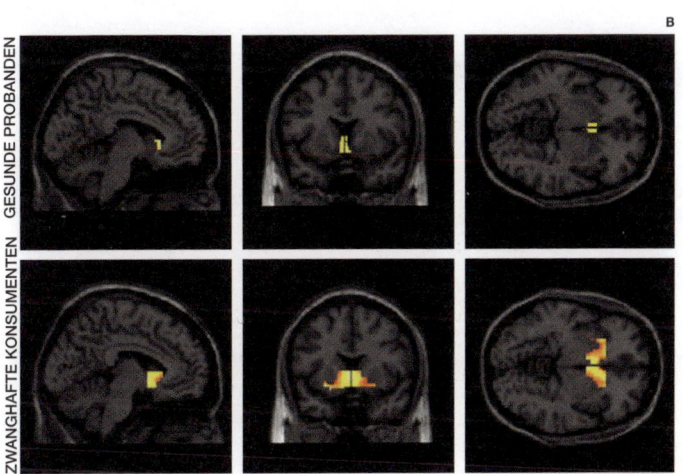
B

Männlichkeit kann sich auch negativ auf die Beziehung zwischen Vätern und Kindern auswirken. Viele junge, nach 1980 geborene Männer legen allerdings großen Wert darauf, wesentlich aktiver am Aufwachsen ihrer Kinder teilzunehmen als ihre eigenen Väter es getan haben.

Ihnen ist vor allem wichtig, die emotionale Entwicklung der Kinder bewusst mitzuerleben und sie nicht nur zu Sportveranstaltungen oder gender-typischen Unternehmungen zu begleiten.

A

A  Die Firma Lillian Rose bietet eine Wickeltasche speziell für Väter an. Mit ihrer Optik, die an eine Werkzeugtasche erinnert, soll sie die Heimwerker ansprechen.

B  Der tschechische Autohersteller Skoda hat als Werbegag eine Kinderkarre speziell für Väter entwickelt. Sie hat eine hydraulische Federung, riesige Räder mit Alufelgen, geländegängige Reifen, Rückspiegel, einen Frontscheinwerfer und leistungsfähige Bremsen.

B

Viele Männer geben an, zwar gern eine enge emotionale Beziehung zu ihrem Kind aufbauen zu wollen, aber nicht über die notwendigen Kenntnisse, Fähigkeiten und Erfahrungen zu verfügen – oder dies annehmen. Die Medien präsentieren uns immer noch liebenswerte, aber völlig inkompetente Väter, beispielsweise Homer Simpson (*Die Simpsons*), Ray Barone (*Alle lieben Raymond*) oder Frank Gallagher (*Shameless*). Gute Rollenvorbilder sind auf Leinwand und Bildschirm schwer zu finden.

Nicht jeder Mann der jungen Generation will oder kann sich emotional einbringen. Erfahrung ist ein hilfreicher Faktor. Männer, deren Vater im positiven Sinne präsent war oder die mit jüngeren Geschwistern oder anderen kleinen Kindern Positives erlebt haben, entwickeln sich oft zu feinfühligeren Vätern.

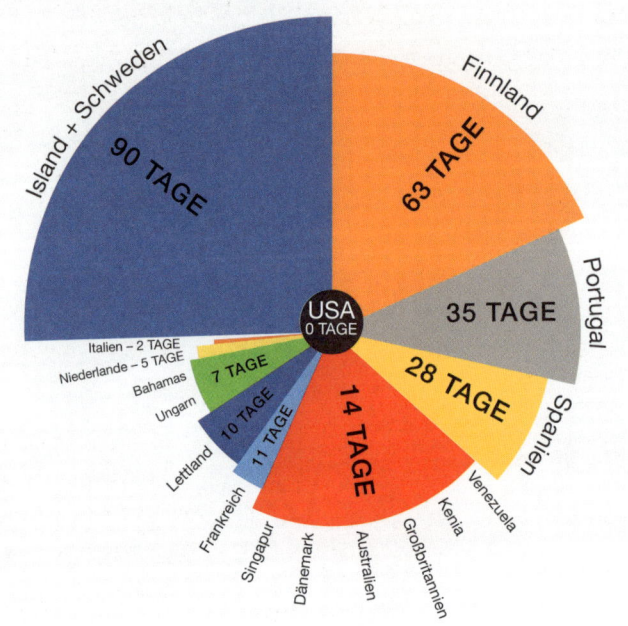

Island + Schweden
90 TAGE

Finnland
63 TAGE

Portugal
35 TAGE

USA
0 TAGE

Italien – 2 TAGE
Niederlande – 5 TAGE
Bahamas
7 TAGE
Ungarn
10 TAGE
Lettland
11 TAGE
Frankreich
Singapur
14 TAGE
Dänemark
Australien
Großbritannien
Kenia
28 TAGE
Venezuela
Spanien

Kulturelle Erwartungen können negativ beeinflussen, wie junge Männer die Vaterschaft erleben. Mutterschaftsurlaub ist seit Jahren in vielen Ländern der westlichen Welt üblich, allmählich wird auch Vätern dieses Recht eingeräumt. Ende 2017 gab es in allen westlichen Ländern mit Ausnahme der USA eine Form des Vaterschaftsurlaubs. In Japan und Korea stehen Männern 52 Wochen zu. In Deutschland und Norwegen können Männer und Frauen selbst entscheiden, wie sie die Elternzeit unter sich aufteilen – in Deutschland 28 Monate, in Norwegen 59 Wochen. In Island und Schweden beträgt die Dauer des bezahlten Vaterschaftsurlaubs drei Monate.

Obwohl das hegemoniale Männlichkeitsbild sich negativ auf zwischenmenschliche Beziehungen auswirken kann, geben Männer, die in Studien befragt wurden, meist an, es gehe ihnen insgesamt gut. Viele erklären, dass sie im Laufe ihres Lebens stabile Freundschaften geschlossen und gehalten haben, und es ihnen gelungen sei, ein zufriedenstellendes Verhältnis zwischen Beruf und Privatleben herzustellen. Daraus lässt sich schließen, dass die meisten Männer unserer Zeit nicht mehr streng dem hegemonialen Bild anhängen. Vielleicht haben sie aus dem Fundus traditioneller Vorgaben und moderner Vorstellungen eine individuelle Definition von Männlichkeit gefunden, die ihren persönlichen Ansichten, Vorlieben und Lebensumständen entspricht.

A Die Grafik zeigt, wie viele Tage Vaterschaftsurlaub Männern in 17 Ländern zur Verfügung stehen. Die Bandbreite reicht von 0 bis 90.

B Die Regelungen in Bezug auf den Vaterschaftsurlaub sind international sehr unterschiedlich. In den Niederlanden, wo dieses Paar lebt, werden nur fünf Tage gewährt.

C Die Zahl der Väter, die sich aktiv in die Erziehung einbringen und eine Zeit lang zu Hause bleiben möchten, nimmt zu. Dieser Vater hat sich entschlossen, ein Jahr Vaterschaftsurlaub in Anspruch zu nehmen. In dieser Zeit erhält er 80% seines Gehalts.

A

Wir wissen, dass Vorstellungen über Männlichkeit kulturell geprägt sind und dass Kulturen sich wandeln. Die Veränderungen der westlichen Kultur zeigen sich beispielsweise in der Einstellung zum Rauchen, zum Fahren unter Alkoholeinfluss oder zum Umgang mit Technik im Alltag. Ebenfalls haben wir erlebt, wie neue Männlichkeitsbilder entstanden und wieder verschwunden sind, etwa der feinfühlige New-Age-Mann der 1970er-Jahre oder der Metrosexuelle der 2000er-Jahre. Weil Computer und Mobiltelefone ein fester Bestandteil unseres Alltags sind, werden Nerds längst nicht mehr belächelt. Das beweisen Männer wie Steve Jobs (1955–2011), Mark Zuckerberg (*1984) oder Elon Musk (*1971), die weltbekannt und reich geworden sind.

Demografische Forschungen belegen, dass unter Männern in den letzten Jahrzehnten die Akzeptanz gegenüber anderen Gendern, Ethnien und sexuellen Orientierungen zugenommen hat. All dies bewirkt kritisches Hinterfragen der lange gültigen Manbox und einen Wandel des Männlichkeitsbildes.

B

# Der Feminismus hat die Zwei-Sphären-Lehre mit ihrer frauenfeindlichen Ausrichtung entschieden angefochten.

A  Facebook-Chef Mark Zuckerberg tritt bei einer Veranstaltung in San José, Kalifornien, nicht in Anzug und Krawatte auf, sondern in Jeans und T-Shirt (2018).

B  Ein männlicher Demonstrant tritt beim Women's March in New York (2018) für Hillary Clinton und weltweite Frauenrechte ein. Viele Männer sprechen sich heute aktiv für mehr Frauenrechte aus.

Vor rund 60 Jahren kam es noch sehr selten vor, dass eine Frau in Politik, Wirtschaft, Industrie oder anderen Bereichen eine Führungsposition einnahm und männliche Untergebene hatte. Das sieht heute anders aus. Früher war es für einen Mann ungewöhnlich und tendenziell unangenehm, einer Frau untergeordnet zu sein. Heute findet der Durchschnittsmann diese Konstellation weder ungewöhnlich noch unbehaglich. Selbst *Doctor Who*-Fans haben inzwischen akzeptiert, dass die Titelfigur auch ein weibliches Gesicht haben kann.

A

Freundschaften zwischen Männern und Frauen wurden noch vor wenigen Jahrzehnten für unmöglich gehalten oder kritisch beäugt. Heute sind sie völlig normal. Die meisten Jugendlichen und Erwachsenen haben Freunde, die dem anderen Geschlecht angehören. Für Männer könnte das ein Vorteil sein, denn viele geben an, einer Frau ihre Emotionen leichter offenbaren zu können als einem Mann. Solche Freundschaften können helfen, Sexismus abzubauen. Wenn Menschen mit dem jeweils anderen Geschlecht besser vertraut sind, nimmt das Verständnis zu, und durch Fremdheit bedingte Antipathien nehmen ab.

In den letzten Jahrzehnten hat in der westlichen Kultur auch die Akzeptanz gegenüber Homosexualität zugenommen, zumal immer mehr Personen, die wie Sportler, Schauspieler oder Politiker in der Öffentlichkeit stehen, offen mit ihrer Orientierung umgehen. In Fernsehserien und Filmen sind Homosexuelle keine Seltenheit mehr, und in vielen Ländern haben sich soziale und politische Bewegungen für die rechtliche Gleichstellung homosexueller Beziehungen eingesetzt. Mitte 2018 waren gleichgeschlechtliche Ehen weltweit in insgesamt 27 Ländern erlaubt. Vorreiter waren die Niederlande, die im Jahr 2001 die Gleichstellung einführten.

Diese veränderte Akzeptanz hat auch wirtschaftliche Gründe. Einige Firmen unterstützen die Veränderung aktiv, weil sie in den USA beispielsweise rund 5 % der Tourismuseinnahmen von insgesamt mehr als 1 Trillion Dollar ausmacht.

Diese Veränderungen bewirken einen Abbau der Homophobie. Die meisten Männer finden es nicht mehr irritierend, einen homosexuellen Arbeitskollegen, Mannschaftskameraden oder Freund zu haben. Allerdings gibt es noch heute Schimpfwörter wie »Schwuchtel«.

A   Auch die Kirche steht Homosexuali-
    tät offener gegenüber. Das Foto
    zeigt Kenneth Ingram, einen schwu-
    len Pastor aus Laramie (Wyoming)
    in seinem Arbeitszimmer.

B   Zwei der ersten schwulen Paare,
    die in den USA die Erlaubnis zur
    Eheschließung erhielten. Foto-
    grafiert 2004 in Provincetown,
    Massachusetts.

B

A Junge Menschen bei einer Kuschelparty in New York (2004). Es geht ausdrücklich um körperliche Nähe ohne sexuelle Intimitäten.

B Der amerikanische Soldat Brad Hammond nimmt nach seinem Einsatz im Irakkrieg an einem sechsmonatigen Kurs teil, um sein Erinnerungsvermögen und seine kognitiven Fähigkeiten zu verbessern. Die Kosten trägt das Kriegsveteranenministerium der USA.

C Arzt James Worster (links) und Sergeant Brandon Benjamin bei einer Zigarettenpause in einem ruhigen Moment in der Notaufnahme eines Lazaretts in Bagdad (2006). Zwei Monate später starb Worster an einer Überdosis Propofol. Das Beruhigungsmittel hatte er sich während seiner Dienstzeiten im Lazarett verschafft.

A

Seit etwa 2010 wird häufiger über Männer berichtet, die gleichgeschlechtliche sexuelle Kontakte haben, sich aber als heterosexuell betrachten. In gewisser Weise entspricht diese Bereitschaft, die Grenzen der eigenen Sexualität auszuloten, der Bereitschaft, Risiken einzugehen und Neues auszuprobieren.

Veränderungen im Verstehen und Erleben von Freundschaft und Sexualität bei jüngeren Männern, beeinflussen auch ihre Einstellung zu körperlicher Intimität. Kuschelpartys, bei denen Angehörige aller Gender Körperkontakt genießen, wobei sexuelle Aktivitäten ausdrücklich ausgeschlossen sind, finden immer mehr Zuspruch.

Bemühungen um mehr Gleichberechtigung haben bewirkt, dass Männern, die durch hierarchische Strukturen des traditionellen Männerbilds geschädigt wurden, mehr Aufmerksamkeit geschenkt wird. Diese Männer sind nicht mehr in der Lage, sich dem gängigen Wettbewerb um Status und Ansehen zu stellen. Manche, etwa Kriegsveteranen oder männliche Opfer sexuellen Missbrauchs, leiden an einer **posttraumatischen Belastungsstörung**. Einige ehemalige Sportler leiden an einer chronisch-traumatischen Encephalopathie, und einige sind einfach zu alt, um sich in dieser Konkurrenz zu behaupten.

Vor allem unter Soldaten, die Kriegseinsätze erlebt haben, kommen posttraumatische Belastungsstörungen häufig vor und sind eine Hauptursache für Suizide. Therapeuten erkennen allmählich, dass auch das Männlichkeitsbild dabei eine Rolle spielt, und entwickeln Strategien, um die verinnerlichten Normen der Betroffenen in die Behandlung einzubeziehen.

B

**Posttraumatische Belastungsstörung**

Eine psychische Störung, die sich durch Depressionen, Angstzustände, Schlafstörungen, unerwünschte und belastende Erinnerungen (vor allem erlittene oder anderen zugefügte Verletzungen) und übersteigerte Wachsamkeit äußert.

C

Vor allem für Angehörige des Militärs, die größtenteils männlich sind, stellen überkommene Vorstellungen von Männlichkeit ein Problem dar. Um bei einem persönlichen oder virtuellen Einsatz in einem Kriegsgebiet ihre Aufgabe als Soldat erfüllen zu können, müssen sie die Emotionslosigkeit an den Tag legen, die von der Manbox gefordert wird. Sie müssen andere Menschen verletzen oder töten. Sie erleben, wie Freunde verletzt oder getötet werden und sind derselben Gefahr selbst ausgesetzt. Früher dauerte der Transport in Kriegsgebiete lange, sodass sie Zeit hatten, sich emotional darauf einzustellen. Seit den 1960er-Jahren werden sie mit Truppentransportern ein- und ausgeflogen. Manche nehmen als Drohnenlenker an Kampfhandlungen teil und fahren nach Dienstschluss wie normale Angestellte nach Hause.

Das schnelle Umschalten vom emotionslosen Kämpfer zum emotional offenen Privatmenschen stellt für viele eine Überforderung dar.

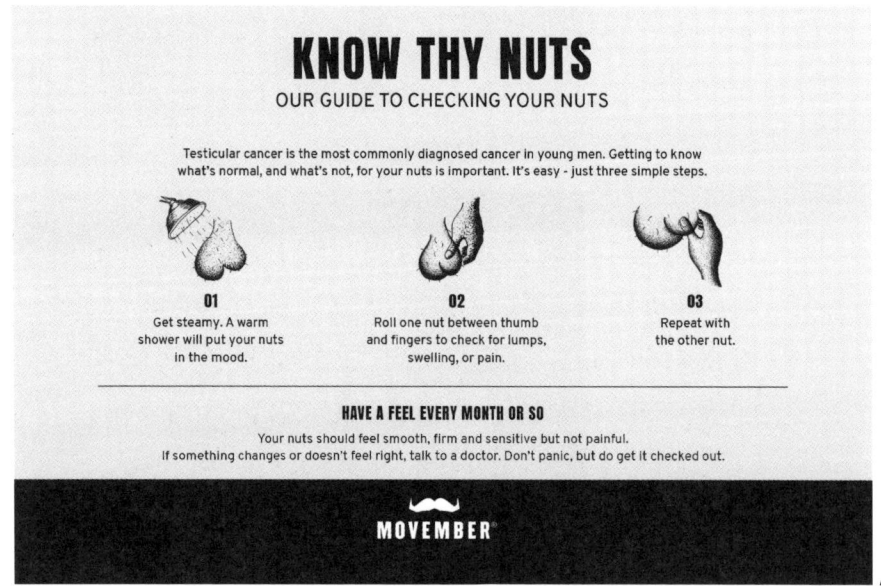

A

A Die »Know thy nuts«-Kampagne der Movember Foundation klärt auf, wie und wie oft eine Tastuntersuchung zur Früherkennung von Hodenkrebs vorgenommen werden sollte.
B Der ehemalige Geistliche James Faluszczak sagt vor einem Untersuchungsausschuss aus, als Jugendlicher von einem Priester belästigt worden zu sein. Insgesamt wurden dem Ausschuss über 1000 Missbrauchsfälle durch Geistliche bekannt.

B

Enthüllungen der katholischen Kirche, aus Internaten und Sportvereinen haben bewirkt, dass sexueller Missbrauch an männlichen Opfern verstärkt Aufmerksamkeit bekommt. Manche Betroffene leiden an einer posttraumatischen Belastungsstörung, viele haben Schwierigkeiten, anderen Menschen zu vertrauen und zwischenmenschliche Beziehungen aufzubauen und zu erhalten. Die Anzahl männlicher Opfer ist weitaus höher, als man lange angenommen hat. Das US Center for Disease Control and Prevention schätzt, jeder sechste Mann und jede vierte Frau sind betroffen.

**Movember Foundation**

Eine in Australien gegründete Stiftung, die sich heute in 20 Ländern der Erde für Belange der Männergesundheit einsetzt. Sie zielt vorwiegend auf Aufklärung ab, finanziert aber auch Interventionsprogramme.

Die **Movember Foundation** ist eine der bekanntesten Organisationen, die sich zielgerichtet für die Gesundheit von Männern einsetzt. Ursprünglich ging es vorwiegend um die Prostata- und Hodenkrebs-Vorsorge, inzwischen werden auch andere Aspekte wie Depressionen und Suizid einbezogen. Die Stiftung wurde in Australien gegründet und ist heute weltweit in 20 Ländern aktiv.

A

# Verschiedene Initiativen, die sich speziell an Männer richten, sollen zur Verbesserung der körperlichen und seelischen Gesundheit beitragen.

In Australien, Großbritannien und anderen englischsprachigen Ländern versucht die **Men's Sheds**-Bewegung, Männer dort abzuholen, wo sie heute stehen. Die Bewegung wurde in den 1990er-Jahren in Australien gegründet. Sie stellt Räumlichkeiten zur Verfügung, in denen Männer sich treffen und verschiedenen Aktivitäten nachgehen können. Viele der Teilnehmer sind bereits im Ruhestand. Sie schätzen die unterstützende Gemeinschaft und die Freundschaften, die sich entwickeln können. Viele erklären, glücklicher und selbstbewusster geworden zu sein, und in den Gruppen eine sinnvolle Beschäftigung für den Ruhestand gefunden zu haben.

Bis etwa um die Mitte des 20. Jahrhunderts gab es viele Möglich-keiten, sich auf lokaler Ebene ehrenamtlich zu engagieren und so auch im Erwachsenenalter soziale Beziehungen zu pflegen. Viele dieser Organisationen und Strukturen gibt es heute nicht mehr. Heute nutzen auch Organisationen, die sich für gesundheitliche Belange einsetzen, die »Sheds«, um Männer gezielt anzusprechen, etwa indem sie zu Informationsveranstaltungen über spezifische Belange der Männergesundheit einladen oder dort Plakate zur gesundheitlichen Aufklärung aufhängen.

Gerade in einer Gesellschaft, die Jugend hoch bewertet, haben die Sheds eine wichtige Bedeu-tung. Vor allem Männer, deren gesellschaftliches Ansehen vorwiegend auf ihren körperlichen Fähigkeiten beruhte, erleben im Alter oft einen erheblichen Statusverlust, wenn ihre Kräfte nach-lassen. Sie finden in den Sheds einen Ort, an dem ihr Können noch einen Wert hat.

**Men's Sheds** Eine Orga-nisation, die auf traditionell männliche, oft handwerkliche Interessen setzt, um Männer gezielt anzusprechen und um soziale Kontakte und Freund-schaften zu fördern. Die Räumlichkeiten werden auch für gesellschaftspolitische Veranstaltungen, Vorträge zur gesundheitlichen Aufklärung und teilweise für Vorsorge-untersuchungen genutzt.

A   Mitglieder eines Men's Shed in Geraldton, Westaustralien. Die Gruppen sind für Männer jeden Alters offen, aber die meisten Mitglieder sind älter als 50.

B   »Shedder« bei der Arbeit. Ein Mann (oben) graviert Buchstaben in eine Marmorplatte, ein anderer sägt Holz (unten).

B

A

Im Zuge zunehmender Gleichberechtigung wird in westlichen Kulturen auch die Rolle der Väter verstärkt diskutiert. Der Anteil alleinerziehender Väter liegt zurzeit bei etwa 1%, aber die Zahl nimmt zu.

In Familien mit zwei berufstätigen Eltern haben die Erwachsenen verschiedene Möglichkeiten, Aufgaben im Haushalt und bei der Kindererziehung unter sich aufzuteilen. In den meisten Kulturen ist die Erziehung der Kinder traditionell die Aufgabe der Frau. Das begann sich zu ändern, als vor etwa 100 Jahren Fertignahrung für Säuglinge erfunden wurde. Seit etwa 60 Jahren gibt es moderne Verhütungsmethoden, durch die Paare (oder Frauen) Anzahl und Geburtszeitpunkt von Kindern selbst bestimmen können. Dadurch haben sich für Familien zahlreiche neue Möglichkeiten ergeben. Die Gesetze und gesellschaftlichen Gewohnheiten halten mit dieser Entwicklung allerdings nicht Schritt.

Im Rahmen der MenCare-Kampagne führte **Promundo** eine Studie mit dem Titel *State of the World's Fathers* (2017) durch. Das Ergebnis: In keinem Land dieser Welt sind Väter in Bezug auf die Freistellung von der Arbeit Frauen gleichgestellt. Die Studie benennt vier Bereiche, in denen Veränderungen für mehr Gerechtigkeit sorgen könnten. Erstens sollte jede einzelne Person ausloten, inwiefern sie zu Kindererziehung und Familienunterhalt beitragen kann. Dadurch könnten sich langfristig soziale Normen verändern, die noch immer vorwiegend Frauen die Erziehung zuweisen, aber auch nationale Gesetze und Gewohnheiten, die Kindererziehung als Frauensache definieren. Berufliche Normen, die Paaren eine traditionelle Aufgabenteilung nahelegen, könnten in Bewegung geraten. Zweitens sollte Vätern und Müttern in gleichem Maße adäquat bezahlte Elternzeit zustehen. Drittens sollte der Zugang zu qualifizierten KiTas auch für gering verdienende Familien gewährleistet sein. Und viertens sollten beide Eltern wirkungsvoll auf ihre Aufgaben vorbereitet werden. Dazu gehört ausdrücklich auch die kritische Auseinandersetzung mit Gendernormen.

> Studien belegen es: Bei der Kindererziehung ist das »Wie« wesentlich wichtiger als das »Wer«. Motivierte Väter können diese Aufgabe ebenso gut ausführen wie Mütter.

Die Organisation **Promundo** mit Stützpunkten in Brasilien, den USA, Portugal und der Demokratischen Republik Kongo setzt sich für Gender-Gleichberechtigung und Gewaltfreiheit ein. In Studien untersucht sie Fragen der Maskulinität.

B

C

A   Promundo-Mitarbeiter und Freiwillige diskutieren Genderrollen und Elternschaft. Sie streben an, jugendliche und erwachsene Männer und Frauen miteinander ins Gespräch zu bringen, um Gewalt vorzubeugen, Partnerschaften zu stärken und die Gleichberechtigung zu verbessern.

B   Der alleinerziehende Vater Ralph Case bereitet mit seinen Söhnen das Abendessen vor (North Canton, Ohio, 2016). Obwohl er an Arthritis leidet, betreibt er eine eigene Firma und zieht seine Söhne allein groß.

C   Demonstration der britischen Grünen für zwei Wochen bezahlten Vaterschaftsurlaub (2010).

Seit Frauen gut bezahlte Berufe offenstehen, hat die Zahl der **Hausmänner** zugenommen. Paare entscheiden meist, dass der Partner mit dem geringeren Einkommen den Hauptteil der Kindererziehung übernimmt. Familien mit höherem Einkommen, in denen beide Partner genug verdienen, um die Familie ernähren zu können, sind in ihrer Entscheidung freier. Allerdings berichten Hausmänner oft, ihre Männlichkeit werde angezweifelt, oder sie würden gefragt, wann sie wieder in den Beruf zurückkehren. Manche fühlen sich von Frauen nicht anerkannt.

# Gleichberechtigungsbestrebungen müssen nicht nur die Ansichten einzelner Menschen verändern, sondern kulturelle Normen.

**Hausmänner** Männer, die keinem Beruf nachgehen, sondern sich um Kindererziehung und Haushalt kümmern, während die Partnerin den finanziellen Familienunterhalt sichert.

**Gläserne Decke** Ein Prinzip, das begrenzt, wie hoch Angehörige von Minderheiten in politischen oder beruflichen Positionen aufsteigen können.

A   Hausmann Qian Xiaofeng föhnt seiner Tochter die Haare (Shanghai, 2017). Er hat sogar gelernt, Kleidung für sie zu entwerfen und zu schneidern.
B   Ellen Johnson Sirleaf, ehemalige Präsidentin von Liberia, Joyce Banda, ehemalige Präsidentin von Malawi, und Gwen K. Young, Leiterin der Global Women's Leadership Initiative und des Women in Public Service Project am Wilson Center, bei einer Diskussion anlässlich des Concordia Summit in New York City (2016).

B

Auch wenn Frauen in Politik, Wirtschaft und Kultur mehr Macht gewinnen, bedeutet dies keine Veränderung des männlichen Machtstrebens. Nur die Anzahl der Konkurrenten um die Macht nimmt zu. In den letzten Jahrzehnten gab es in der regionalen und nationalen Politik mehr Frauen, darunter mächtige Staatsoberhäupter wie Margaret Thatcher (1925–2013) oder Angela Merkel (*1954). Dieser Wandel ist in der westlichen Welt deutlicher, aber auch in Asien und Afrika besetzen Frauen politische Schlüsselpositionen. Beispiele sind Chandrika Kumaratunga (*1945), 1994–2005 Präsidentin von Sri Lanka; Bidhya Devi Bhandari (*1961), seit 2015 Staatspräsidentin von Nepal; Luísa Diogo (*1958), 2004–2010 Ministerpräsidentin von Mosambik; Joyce Banda (*1950), 2012–2014 Staatspräsidentin von Malawi.

Die Empfehlung, Machtstrukturen offen anzusprechen, basiert auf der Annahme, die Mächtigen werden Ungerechtigkeiten erkennen und sich entsprechend verhalten. Dies ist entscheidend, denn die gläserne Decke wird nicht von denen aufrechterhalten, die durch sie an ihrem Fortkommen gehindert werden, sondern von denen, die sich über ihr befinden. Sie kann nur von denen aufgelöst werden, die etwas zu verlieren haben: den verantwortlichen Männern.

A

Auch durch andere Gender-identitäten, durch **Intersexuelle** und das wachsende Bewusst-sein, von Gender als fließendem Begriff, gerät das gängige Männlichkeitsbild ins Wanken. Ähnliche Fragen wurden schon in den 1970er-Jahren diskutiert, als **androgyne** Individuen für Aufsehen sorgten.

Am Ende des 20. Jahrhunderts hat sich die soziologische Forschung intensiv mit dem Zusammenhang zwischen Andro-gynie und dem Wohlbefinden beschäftigt. Insgesamt ging es Frauen, die männliche und weibliche Eigenschaften in gleich hohem Maße besaßen, besser als Frauen, die entweder weib-liche oder männliche Eigenschaften zeigten, aber nicht beide. Unter Männern konnte kein Unterschied zwischen vorwiegend maskulinen Individuen und solchen mit maskulinen und femi-ninen Zügen festgestellt werden. Dies legt nahe, dass Frauen profitieren, wenn sie sich männliche Eigenschaften zulegen.

Und Männer scheinen durch weibliche Züge nichts zu verlieren. Dieses Ergebnis deutet darauf hin, dass Männlichkeit noch immer mit guten Ergebnissen, mehr Selbstvertrauen und insgesamt besserer psychischer Gesundheit assoziiert wird.

Die allmähliche Aufweichung der Genderrollen ist nicht unproblematisch. Das traditionelle Männerbild gibt vor: Männer sollen nicht feminin sein. Wer sich anders entscheidet, distanziert sich offiziell von diesem Bild und muss eventuell mit Diskriminierung rechnen. Vergleichbare anti-maskuline Vorgaben gibt es im aktuell gängigen Frauenbild nicht.

**Intersexuell** Personen, deren biologisches Geschlecht bei der Geburt nicht eindeutig zuzuordnen ist, die also nicht der Standard-Definition des männlichen oder weiblichen Körpers entsprechen. Die Abweichungen können sich auf äußerlich sichtbare Merkmale beziehen, aber auch auf unsichtbare wie Hormone.

**Androgyn** Eine Person, die in ihrem Aussehen, Wesen und/oder Verhalten sowohl männliche als auch weibliche Charakteristika zeigt.

B

# Wie sollen wir in Zukunft über Fragen des Männerbildes denken und mit daraus resultierenden Problemen umgehen?

Feministinnen und **Profeministen** setzen Annahmen, Methoden und Prinzipien aus der Feminismusforschung ein, um das Thema Maskulinität zu untersuchen. Dazu gehört auch die Annahme, dass der Männlichkeitsbegriff ein soziales Konstrukt ist und nicht von allen Individuen in gleicher Weise ausagiert wird. Profeministen unterstützen die Forderung nach Gleichberechtigung, die im Zentrum des Feminismus steht, betrachten sich aber nicht als Teil der feministischen Bewegung.

Mit der Wahl des Begriffs »profeministisch« erkennen Männer an, dass moderne Gender-Studien erst durch den Feminismus ins Rollen kamen. Ob Männer allerdings feministisch sein können, ist eine Grundsatzfrage. Können Männer den Feminismus wirklich verstehen und vertreten, wenn sie nie am eigenen Leib erfahren haben, was es heißt, eine Frau zu sein?

A   Die chilenische Präsidentin Michelle Bachelet bei einer Rede anlässlich der Präsentation der Kampagne »HeForShe« in Santiago (12. April 2016). Die Kampagne wird von der UN-Gleichstellungseinheit (UN Women) unterstützt und setzt sich weltweit für Gender-Gerechtigkeit ein.
B   Emma Watson, UN-Sonderbotschafterin für Frauen- und Mädchenrechte, umarmt auf dem HeForShe-Empfang im Museum of Modern Art in New York am 20. September 2016 den kanadischen Premierminister Justin Trudeau.
C   Hunderte südkoreanischer Männer demonstrieren gegen die pauschalen Schuldzuweisungen, die im Rahmen der #MeToo-Kampagne erhoben wurden. Gleichzeitig fand in einem anderen Teil der Stadt eine Demonstration zur Unterstützung von Frauen statt (Seoul, 2018).

c

Solche Fragen tauchten im Zusammenhang der #MeToo-Kampagne auf. Die Bewegung will das öffentliche Bewusstsein auf das Ausmaß sexueller Übergriffe lenken und damit zu einer Verringerung sexualisierter Gewalt beitragen. Opfer erzählen ihre Geschichte, um das Mitgefühl von Männern anzusprechen und so Verhaltensänderungen zu initiieren. Die Einstellung zu männlichen Opfern von sexuellen Übergriffen und Vergewaltigungen war innerhalb der Bewegung gespalten. Einige Frauen begrüßten es, wenn auch Männer ihre Leidensgeschichten teilten, andere betrachteten #MeToo als reine Frauensache und empfahlen Männern, eigene Hashtags wie #MenToo oder #HeToo zu verwenden.

**Profeministisch** Personen, die sich für den Feminismus und Gendergerechtigkeit einsetzen, und den Männlichkeitsbegriff mit feministischen Methoden und Prämissen analysieren, ohne selbst Mitglied der feministischen Bewegung zu sein. Der Begriff wird hauptsächlich für männliche Unterstützer verwendet.

**#MeToo** Eine Bewegung, die 2017 durch Vorwürfe gegen Harvey Weinstein in den sozialen Medien für Aufsehen sorgte und das Bewusstsein für sexuelle Übergriffe verstärkte. 2018 verlor die Bewegung durch Fragen über die »Eigentumsverhältnisse« an Energie.

A

Viele Soziologen, die sich mit Männerstudien beschäftigen, bezeichnen sich als profeministisch und sehen ihre Arbeit als Ergänzung zu Frauenstudien. Sie bilden den größten Teil der Mitglieder akademischer Organisationen wie der American Men's Studies Association und der Society for the Psychological Study of Men and Masculinities (Zweig der American Psychological Association). Ähnliche Institutionen gibt es auch in anderen Ländern. Sie beschäftigen sich aber vorwiegend mit der Forschung und sind in der Öffentlichkeit nicht sehr bekannt.

# Manche Profeministen versuchen, männliche Gewalt gegen Frauen zu verringern, indem sie mit Männergruppen Alternativen zur Manbox diskutieren. Beispiele sind Tony Porter mit **A Call to Men** und Jackson Katz mit dem **MVP-Programm**.

Politiker wie Justin Trudeau (*1971), Emmanuel Macron (*1977) oder Barack Obama (*1961) stehen für ein Männerbild, das auf Zusammenarbeit und gerechte Machtverteilung setzt. Dem kanadischen Premierminister Trudeau war beispielsweise wichtig, sein Parlament ähnlich zusammenzusetzen wie die kanadische Bevölkerung, statt nur wenige demografische Gruppen zu repräsentieren. 2017 schreibt sich Frankreichs Präsident Macron Gendergerechtigkeit auf die Fahne. Auch solche Entscheidungen könnte man als profeministisch einordnen.

Auch große Unternehmen beteiligen sich an der Diskussion. 2018 forderte der American Football-Spieler Colin Kaepernick in einer Nike-Werbung auf: »Glaube an etwas, selbst wenn es bedeutet, alles zu opfern.« 2019 präsentierte Gillette in einem englischsprachigen Werbespot inakzeptables Männerverhalten und warf die Frage auf, ob so »das Beste im Mann« aussähe.

**A Call to Men** Amerikanische Organisation, die sich für eine »gesunde, respektvolle Männlichkeit« einsetzt. Der Schwerpunkt liegt auf der Gewaltprävention.

**MVP-Programm** Die Mentoren dieses Gewaltpräventionsprogramms streben an, Männer zur Einmischung zu ermutigen, wenn sie Zeuge sexueller Übergriffe oder Belästigungen werden.

**Mythopoetisch** Eine Herangehensweise, die Männer anhand von symbolischen, idealisierten Darstellungen der Männlichkeit in Mythologie, Literatur und Religion zu verstehen versucht.

Manche Forscher und Theoretiker wählen einen mythopoetischen Ansatz, der auf Archetypen basiert. Bekannt wurde er durch Robert Bly (*1926) und sein Buch *Eisenhans: Ein Buch über Männer* (1990). Er beschreibt darin anhand des Märchens *Eisenhans* der Brüder Grimm den Weg eines jeden Jungen zum erwachsenen Mann. Das Buch beschäftigt sich mit den »Phasen der Mannwerdung« und sucht dabei in der Mythologie nach männlichen Archetypen. Das Mankind Project wurde u.a. von diesem Buch inspiriert und verfügt zurzeit über mehr als 1000 Gruppen in ganz Europa und der englischsprachigen Welt. In den reinen Männergruppen soll es den Teilnehmern leichter fallen, emotionale Intimität zu erleben und Männerfreundschaften zu knüpfen, um so glücklicher und mit sich selbst mehr im Einklang zu leben.

B

Durch wissenschaftliche Fachrichtungen wie Frauenforschung, Sexualwissenschaften und Minoritätenforschung wissen wir heute mehr über die Lebenssituation dieser Bevölkerungsgruppen und ihrer individuellen Angehörigen. Der daraus resultierende Aktivismus hat in den letzten Jahrzehnten die Gleichberechtigung und den gesellschaftlichen Wandel vorangebracht. Vielleicht können wir daraus folgern, dass die Universitäten in stärkerem Maße Männerforschung betreiben sollten?

Wenn wir Männlichkeit wirklich verstehen wollen, auch ihre Ursprünge und die Möglichkeiten der Veränderung, kann Forschung hilfreich sein. Im Studienjahr 2018/19 gab es in den USA nur eine Universität, die ein Bachelorstudium Men's Studies anbot (Hobart and William Smith Colleges), und nur eine, an der man einen Master erwerben konnte (Stony Brook). Es gibt wenige weitere, die sich mit Männerforschung beschäftigen, aber derzeit noch keine Graduierung anbieten (z. B. University of Calgary, Leeds Beckett University und die Queensland University of Technology).

**Good Men Project**
Ein Internet-Projekt im Magazin-Stil, das sich vorwiegend aus profeministischem Blickwinkel mit Themen beschäftigt, die heute für Männer von Bedeutung sind.

A Studierende der ersten Lehrveranstaltung für Frauenforschung an der Queen's University in Kingston (Kanada, 1985). Heute gibt es zahlreiche Veranstaltungen, aber die Männerforschung liegt noch weit dahinter.
B Der Student Kevin Okifo leitet auf dem Campus der University of Connecticut eine Diskussion über toxische Männlichkeit (2019).
C Ein Teilnehmer des San Francisco Women's March weist daraufhin, dass Männlichkeit nicht zwangsläufig toxisch sein muss (2019).

YOU CAN
BE MASCULINE
WITHOUT
BEING
TOXIC
BRO.
#TRUTHTOPOWER

c

Die Diskussion darüber, wie sich das Männerbild wandeln kann, wird nicht nur unter Akademikern und Aktivisten geführt. Jeder kann sich beteiligen.

Das **Good Men Project** will ein Online-Forum für Diskussionen schaffen, die woanders nicht geführt werden. Der Name wirft eine wichtige Frage auf. Was bedeutet es genau, ein guter Mann zu sein? Angesichts dessen, was wir über das vorherrschende Bild im Westen wissen, wird ein guter Mann wohl eine neue Männlichkeitsdefinition vertreten müssen.

# Schlussfolgerungen

A

Ist Männlichkeit also toxisch? Darauf gibt es keine eindeutige Antwort. Ja, denn das heute gültige Männerbild, welches wir als Manbox bezeichnet haben, hat zweifellos negative Auswirkungen. Und nein, die meisten Männer sind nicht toxisch, weil sie sich diesem Männerbild nicht völlig unterordnen. Schaden können einzelne Gruppen anrichten, aber auch einzelne Mitglieder innerhalb eigentlich unschädlicher Gruppen.

In westlichen Kulturen gilt es für Männer als wünschenswert, Macht zu besitzen und auszuüben. Dieses Ideal ist verknüpft mit anderen kulturellen Systemen, die den Zugang zur Macht beschränken. Sexismus, Rassismus, Heterosexismus und die soziale Klassenzugehörigkeit können Schnittmengen mit der Manbox bilden und dadurch die patriarchalische Kultur und den männlichen Machterhalt unterstützen. Machtkonkurrenz findet auch unter Männern statt, die keiner Minderheit angehören, und andererseits beteiligen sich nicht alle Männer an dieser Konkurrenz. Wer im Wettbewerb versagt, wird marginalisiert, kann Benachteiligung erfahren und schlimmstenfalls ein Opfer von Hasskriminalität werden.

Das Schadenspotenzial des heute vorherrschenden Männerbildes liegt in der Gewalt und Risikobereitschaft, die es zulässt. Es ermutigt Männer, ihr Einkommen über ihre Gesundheit zu stellen, erschwert ihnen den Zugang zu einem beträchtlichen Bereich ihres Gefühlsspektrums (beispielsweise Empathie) und macht es ihnen schwer, Beziehungen einzugehen. Es trägt ebenso zu einer geringeren Lebenserwartung von Männern bei, aber auch dazu, dass Männer Frauen gegenüber Gewalt ausüben und dominante Männergruppen verhindern können, dass Frauen und andere Männer Macht gewinnen. Aufgrund des vorherrschenden Männerbildes können Männer emotionale Nähe schlechter zulassen, wodurch die Qualität ihrer Beziehung zu anderen Menschen geschmälert wird.

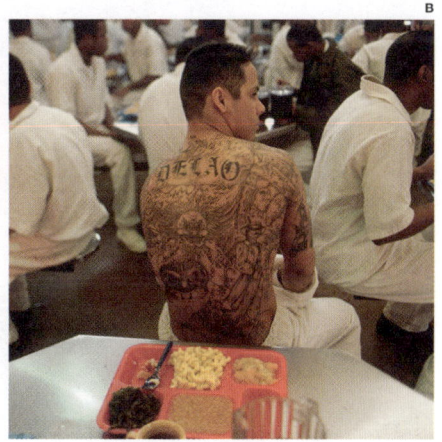

B

Einzelne Männer sind von der toxischen Wirkung hauptsächlich betroffen, wenn sie starr dem hegemonialen Männerbild anhängen. Diese Starrheit geht auf Kosten der Flexibilität. Solche Männer tun sich schwer damit, sich an einzelne Situationen und an den kulturellen Wandel anzupassen.

Selbstverständlich sind nicht alle Aspekte der Männlichkeit schlecht. Weltweit legen Männer Wert darauf, als ehrenhaft zu gelten, ihr Leben im Griff zu haben und einen guten Beruf auszuüben. An Promiskuität sind die wenigsten interessiert. Allerdings basieren auch Berufe, in denen Männer ihr Leben riskieren, um andere zu verteidigen, zu schützen oder zu retten, auf dem Ideal der Ehrenhaftigkeit. Sowohl die Wissenschaft als auch der Kapitalismus belohnen Risikobereitschaft, allerdings nicht immer in gewinnbringender Weise. Der Ernährer oder Hauptverdiener in einer Familie zu sein, ist nicht automatisch schlecht. Eine klare Vorstellung über die positiven Aspekte der Männlichkeit ist notwendig, um ihre negativen Anteile zu verringern. Das könnte den Widerstand derer mindern, die sich vor einem radikalen Wandel fürchten, und Männern, die gemäß dem gängigen Männerbild erzogen wurden, Schritte zur Veränderung erleichtern.

A

B

A    Männer in einem Yogakurs
in Sydney (Australien).
Dass immer mehr Männer
Yoga praktizieren, trägt
zum Abbau des australi-
schen Macho-Image bei
und deutet darauf hin,
dass das Wettbewerbs-
denken allmählich an
Bedeutung verliert.
B    Die Journalistin Marie
Colvin (2. von links) mit
libyschen Rebellen in
Misrata (2011). Sie kam
2012 ums Leben, als sie
über die Belagerung von
Homs in Syrien berichtete.

Die meisten Männer unserer Zeit hängen dem hegemonialen Modell nur in geringem oder mittlerem Maße an. Vor allem gilt dies für Aspekte, die als starr empfunden werden oder die problematisches Verhalten begünstigen. Vielleicht bringt #NotAllMen die heutige Einstellung auf den Punkt. In jeder Gruppe kann es nur einen Alpha-Mann geben, und in der gesamten Gesellschaft nur wenige. Wenn die meisten Männer nicht sonderlich maskulin sind, was bedeutet das dann für die Männlichkeit?

Vielleicht müssen wir uns von der Annahme verabschieden, die hegemoniale Männlichkeit sei für alle Männer relevant. Wir sollten uns bewusst machen, dass die Manbox-Ideale hauptsächlich dazu dienen, Männern die Führungsrolle in sozialen Gruppen und der Gesamtgesellschaft zuzuordnen. Wenn das der Fall ist, sollten wir anerkennen, dass nur eine kleine Zahl von Individuen – Männern wie Frauen – überhaupt eine Führungsrolle einnehmen wollen und einen aggressiven Führungsstil bevorzugen. Für alle anderen brauchen wir neue Standards, die sich daran orientieren, was es heute bedeutet, ein »guter Mann« zu sein, und die den meisten Durchschnittsmännern gerecht werden.

A

# Welche Männer wollen wir? Wie können wir toxische Aspekte der Männlichkeit beseitigen? Welche Eigenschaften sollte ein neues Männerbild fördern?

Vielleicht müssen wir verschiedene Männerbilder entwerfen und nebeneinander zulassen. Das würde bedeuten, uns von der Vorstellung zu verabschieden, es gäbe nur ein Idealbild, dem alle abweichenden Modelle untergeordnet sind. Stellen wir uns jedes neue Männerbild als Summe wünschenswerter Eigenschaften, Verhaltensweisen und Rollen vor. Jeder Mann könnte sich für das entscheiden, was ihm am ehesten entspricht. Wenn kein Männerbild als besser oder überlegen betrachtet wird, fällt auch der hierarchische Aspekt weg.

A   Die Diskussion darüber, wie Männer sind und wie sie sein sollen, ist in vollem Gang. Rose Cameron von der Werbeagentur Leo Burnett identifiziert 2008 vier Typen, die als Zielgruppen angesprochen werden können. Von links nach rechts: retrosexuell, patriarchal, metrosexuell und machtorientiert. Jeder Typ erfordert andere Werbestrategien. Auf gesellschaftlicher Ebene stellt sich die Frage: Sollte einer von ihnen der einzige Idealtyp sein, an dem alle anderen gemessen und bewertet werden? Oder sollen wir alle als verschieden, aber gleichwertig betrachten und ohne Wertung und Hierarchie nebeneinander stehen lassen?

Wie lässt sich diese Idee auf gesellschaftlicher Ebene umsetzen? Ein Teil der Lösung besteht darin, das Bewusstsein für das Problem in der Bevölkerung zu verstärken, zum Nachdenken und zum Austausch anzuregen. Wir könnten darüber diskutieren, welche Aspekte positiv oder negativ sind, welche Merkmale uns gefallen und welche nicht, welche den Fortbestand einer patriarchalischen Gesellschaft begünstigen. Dabei müssen wir auch bedenken, dass sich der Genderbegriff wandelt und ein neues Männlichkeitsbild Raum für feminine Männer, Homosexuelle und Transgender bieten muss. Und schließlich müssen Männer lernen, sich bewusst für eins von mehreren gleichwertigen zu entscheiden.

# Der Wandel in der Gesellschaft, ist nicht zu übersehen. Alle Menschen sind betroffen, ganz gleich, welchem Gender sie angehören. Und alle können diesen Wandel mitgestalten.

# Weiterführende Literatur

Addis, M. E., *Invisible Men: Men's Inner Lives and the Consequences of Silence* (New York, NY: Times Books, 2011)

Addis, M. E. and Mahalik, J. R., »Men, Masculinity, and the Contexts of Help Seeking«, in: *American Psychologist*, 2003, 58, 5–14

Archer, J., »Testosterone and Human Aggression: An Evaluation of the Challenge Hypothesis«, in: *Neuroscience and Biobehavioral Reviews*, 2006, 30 (3), 319–345

Beier, S. et al., *Kritische Männerforschung: Neue Ansätze in der Geschlechtertheorie* (Hamburg: Argument Verlag, 2001)

Beuster, F., *Die Jungenkatastrophe. Das überforderte Geschlecht* (Reinbek: Rowohlt Taschenbuch, 2006)

Bly, R., *Eisenhans. Ein Buch über Männer* (Reinbek: Rowohlt Taschenbuch, 2005)

Böhnisch, L., *Der modularisierte Mann: Eine Sozialtheorie der Männlichkeit* (Bielefeld: transcript, 2018)

Bönt, R., *Das entehrte Geschlecht. Ein notwendiges Manifest für den Mann* (München: Pantheon Verlag, 2012)

Carroll, H., *Affirmative Reaction: New Formations of White Masculinity* (Durham, NC: Duke University Press, 2011)

Coad, D., *The Metrosexual: Gender, Sexuality, and Sport* (Albany, NY: State University of New York Press, 2008)

Connell, R. W., *Masculinities* (Berkeley, CA: University of California Press, 1995)

Coontz, S., *In guten wie in schlechten Tagen* (Köln: Lübbe, 2006)

Cooper, A. and Smith, E. L., *Homicide Trends in the United States, 1980–2008* (Washington, DC: Bureau of Justice Statistics, 2011)

Courtenay, W. H., *Dying to Be Men: Psychosocial, Environmental, and Biobehavioral Directions in Promoting the Health of Men and Boys* (New York, NY: Routledge, 2011)

Crosby, A. E., Ortega, L. and Stevens, M. R., »Suicides – United States, 2005–2009«, in: *Mortality and Morbidity Weekly Review*, 2013, 62, S. 179–183

David, D. and Brannon, R., »The Male Sex Role: Our Culture's Blueprint for Manhood and What It's Done for Us Lately«, in: D. David and R. Brannon (Hrsg.), *The Forty-nine Percent Majority: The Male Sex Role* (Reading, MA: Addison-Wesley, 1976), S. 1–48

Döge, P., *Männer – die ewigen Gewalttäter? Gewalt von und gegen Männer in Deutschland*, (Berlin/Heidelberg: Springer, 2012)

Döge, P., *Von der Antidiskriminierung zum Diversity-Management. Ein Leitfaden* (Göttingen: Vandenhoeck & Ruprecht, 2008)

Farrell, W., *The Myth of Male Power* (New York, NY: Berkley Books, 1993)

Gahleitner, S.-B., *Sexueller Missbrauch und seine geschlechtsspezifischen Auswirkungen* (Marburg: Tectum Verlag, 2017)

Garfield, R., *Breaking the Male Code: Unlocking the Power of Friendship* (New York, NY: Gotham, 2013)

Hähle, H., *Rock wie Hose: Auf der Suche nach dem Menschen hinter dem Geschlecht* (Berlin: neobooks, 2016)

Heilman, B., Levtov, R., van der Gaag, N., Hassink, A. and Barker, G., *State of the World's Fathers: Time for Action* (Washington, DC: Promundo, Sonke Gender Justice, Save the Children, and MenEngage Alliance, 2017)

Hochreiter, S. et al, *Mann – Männer – Männlichkeiten: Interdisziplinäre Beiträge aus den Masculinity Studies* (Wien: Praesens Verlag, 2018)

Hodapp, C., *Men's Rights, Gender, and Social Media* (Lanham, MD: Lexington Books, 2017)

Hollstein, W., *Was vom Manne übrig blieb: Das missachtete Geschlecht* (Stuttgart: opus magnum, 2012)

Hurrelmann, K. und Bründel, H., *Konkurrenz, Karriere, Kollaps: Männerforschung und der Abschied vom Mythos Mann* (Stuttgart: Kohlhammer, 1999)

Huntington, Samuel P., *The Third Wave: Democratization in the Late Twentieth Century* (Norman: University of Oklahoma Press, 1991)

Kazakov, T., *Metrosexualität als Lebensstil: Abkehr von der Naturalisierung der Geschlechterrollenstereotype* (München/Ravensburg: GRIN Verlag, 2011)

Kilmartin, C. and Allison, J., *Men's Violence Against Women: Theory, Research, and Activism* (Mahwah, NJ: Erlbaum, 2007)

Kimmel, M., *Manhood in America: A Cultural History* (New York, NY: The Free Press, 1996)

Kuo, P. X. and Ward, L. M., »Contributions of Television Use to Beliefs About Fathers and Gendered Family Roles Among First-Time Expectant Parents«, in: *Psychology of Men and Masculinity*, 17, S. 352–362

Lamb, M. E., »Mothers, Fathers, Families, and Circumstances: Factors Affecting Children's Adjustment«, in: *Applied Developmental Science*, 2012, 16 (2), S. 98–111

Levant, R. F. and Wong, Y. J., *The Psychology of Men and Masculinities* (Washington, DC: American Psychological Association, 2017)

Livingston, G., *Growing Number of Dads Home with the Kids: Biggest Increase Among Those Caring for Family* (Washington, DC: Pew Research Centre, 2014)

Lynch, J. R. und Kilmartin, C., *Overcoming Masculine Depression: The Pain Behind the Mask*, 2. Aufl. (New York, NY: Routledge/Taylor & Francis Group, 2013)

Martschukat, J., *Geschichte der Männlichkeiten (Historische Einführungen)* (Frankfurt: Campus, 2018)

Ng, C. J., Tan, H. M. und Low, W. Y., »What do Asian men consider as important masculinity attributes? Findings from the Asian Men's Attitudes to Life Events and Sexuality (MALES) Study«, in: *Journal of Men's Health*, 2008, 5 (4), S. 350–355

O'Neil, J. M., *Men's Gender Role Conflict: Psychological Costs, Consequences, and an Agenda for Change* (Washington, DC: American Psychological Association, 2015)

Pascoe, C. J., Dude, *You're a Fag: Masculinity and Sexuality in High School* (Berkeley, CA: University of California Press, 2007)

Pleck, J. H., »Why Could Father Involvement Benefit Children? Theoretical perspectives«, in: *Applied Developmental Science*, 2007, 11 (4), S. 196–202

Pope, H. G., Phillips, K. A. und Olivardia, R., *The Adonis Complex: The Secret Crisis of Male Body Obsessions* (New York, NY: The Free Press, 2000)

Rotundo, E. A., *American Manhood: Transformations in Masculinity from the Revolution to the Modern Era* (New York, NY: Basic Books, 1993)

Smiler, A. P., *Challenging Casanova: Beyond the Stereotype of Promiscuous Young Male Sexuality* (San Francisco: Jossey-Bass, 2013)

Smiler, A. P. und Kilmartin, C., *The Masculine Self*, 6th ed. (Cornwall on Hudson, NY: Sloan Publishing, 2019)

Stearns, P. N., *American Cool: Constructing a Twentieth-Century Emotional Style* (New York, NY: New York University Press, 1994)

Steingen, A., *Häusliche Gewalt: Handbuch der Täterarbeit* ( Göttingen: Vandenhoeck & Ruprecht, 2019)

Süfke, B., *Männerseelen: Ein psychologischer Reiseführer* (München: Goldmann, 2010)

Süfke, B., *Männer: Was es heute heißt, ein Mann zu sein* (München: Goldmann, 2018)

Townsend, K., *Manhood at Harvard: William James and others,* Cambridge (MA: Harvard University Press, 1996)

Twenge, J. M., *Generation Me: Why Today's Young Americans are More Confident, Assertive, Entitled – and More Miserable Than Ever Before* (New York, NY: Free Press, 2006)

Way, N. und Chu, J. Y., *Adolescent Boys: Exploring Diverse Cultures of Boyhood* (New York, NY: New York University Press, 2004)

Way, N., *Deep Secrets: Boys' Friendships and the Crisis of Connection* (Cambridge, MA: Harvard University Press, 2011)

Wong, Y. J. und Wester, S. R., *American Pychological Association Handbook of Men and Masculinities* (Washington, DC: American Psychological Association, 2016)

# Bildnachweis

Autoren und Herausgeber haben sich bemüht, die Urheberrechtsinhaber aller verwendeten Abbildungen ausfindig zu machen und hier zu nennen. Fehler oder unbeabsichtigte Auslassungen bitten sie zu entschuldigen. In künftigen Auflagen können diese korrigiert werden.

o = oben, u = unten,
m = Mitte, l = links,
r = rechts

2 Bruno Rodrigues Baptista da Silva/Alamy Stock Photo
4–5 © Elliott Erwitt/ Magnum Photos
6–7, Oli Scarff/AFP
8, 9 o Getty Images
9 u Rogan Thomson/ActionPlus/ Corbis/ Getty Images
10 Carl & Ann Purcell/ Getty Images
11 Al Bello/Getty Images
12 Richard Pohle/AFP/ Getty Images
13 Reuters/Omar Sobhani
14 Timothy A. Clary/AFP/Getty Images
15 TPG/Getty Images
16–17 Slim Aarons/Getty Images
18–19 British Library, London, UK/British Library Board. Alle Rechte vorbehalten/Bridgeman Images
20 Los Angeles County Art Museum, Anschaffung mit Mitteln von The Eli und Edythe L. Broad Foundation, Mr. und Mrs. H. Tony Oppenheimer, Mr. und Mrs. Reed Oppenheimer, Hal Oppenheimer, Alice und Nahum Lainer, Mr. und Mrs. Gerald Oppenheimer, Ricki und Marvin Ring, Mr. und Mrs. David Sydorick, Costume Council Fund und Mitglied des Costume Council (M.2002.57.1–.190)

21 Wellcome Collection, London
22 Samplings.com
23 Leemage/Corbis/ Getty Images
24 Asar Studios/Alamy Stock Photo
25 Library of Congress, Washington, D.C.
26 The Metropolitan Museum of Art, New York. Schenkung von Edgar William und Bernice Chrysler Garbisch, 1966
27 British Library, London, UK/ British Library Board. Alle Rechte vorbehalten/Bridgeman Images
28 Library of Congress, Washington, D.C.
29 *Scouting for Boys* von Robert Baden-Powell, 1908
30 Abdruck mit Genehmigung des Essex Record Office. Katalognummern D/F 269/1/3695 und D/F 269/1/3712
31 Library of Congress, Washington, D.C.
32 Mitchell Library, State Library of New South Wales, Sydney
33 l Ullstein Bild/Getty Images
33 r Allan Cash Picture Library/ Alamy Stock Photo
34 Library of Congress, Washington, D.C.
35 Mit Genehmigung von Derek Boothroyd
36 Howell Walker/National Geographic/Getty Images
37 John Springer Collection/Corbis/Getty Images
38 Martin Mills/Getty Images
39 Larry Burrows/The LIFE Picture Collection/Getty Images
40 Barbara Alper/Getty Images
41 Santi Visalli/Getty images
42 l *Mein Freund ist positiv,* 1990. Foto Ingo Taubhorn, Grafik Wolfgang Mudra. Wellcome Collection, London
42 r *Tom of Finland,* 1991. Illustration Tom of Finlund. Wellcome Collection, London
43 l *Hast du Lust...,* 1989. Illustration Salmon 90, Hans-Heinrich Salmon. Wellcome Collection, London

43 r *Auf geht's...,* 1990. Illustration Hans-Heinrich Salmon. Wellcome Collection, London
44 Alexis Duclos/Gamma-Rapho/ Getty Images
45 Joe McNally/Getty Images
46 l *Real Men Don't Eat Quiche* von Bruce Feirstein, 1982
46 or jalapenosdecals.com
46 ur trackdecals.com
47 Michael Christopher Brown/ Magnum Photos
48 o Jason Edwards/National Geographic/Getty Images
48 u Lucas Vallecillos/Alamy Stock Photo
49 Pete M. Wilson/Alamy Stock Photo
50–51 Adaption nach ourworldindata.org/ world-region-map-definitions
52 Sergey Ponomarev/ The Washington Post/Getty Images
54–55 Sovfoto/UIG/Getty Images
56 l *Rambo: First Blood Part II,* 1985
56 m *Commundo,* 1985
56 r *Bloodsport,* 1988
57 Jose Cabezas/AFP/ Getty Images
58 Axel Koester/Corbis/Getty Images
59 David Becker/Getty Images
60 Campaign Against Living Miserably (CALM), thecalmzone.net
61 Tolga Akmen/AFP/ Getty Images
62 Peter Marlow/Magnum Photos
63 o Andrew Hancock/ Sports Illustrated/ Getty Images
63 u *Chronic traumatic encephalopathy in an epilepsy surgery cohort: Clinical und pathologic findings* von A.L. Jones, J.W. Britton, M.M. Blessing, J.E. Parisi, G.D. Cascino, 2018. ncbi.nlm.nih.gov/ pubmed/29321231
64 Clive Mason/Getty Images
65 Alberto Simon/AFP/Getty Images
66 Hero Images/Getty Images

67 o Vova Pomortzeff/Alamy Stock Photo

67 u BSIP/UIG/Getty Images

68 Perry van Munster/Alamy Stock Photo

69 Dan Kitwood/Getty Images

70 Ron Sachs – Pool/ Getty Images

71 Motiv von Sarah Gochrach für *Equal Means Equal*

72 o Robyn Beck/AFP/ Getty Images

72 u David McNew/ Getty Images

73 ohanabira.wordpress. com/2012/07/28/ota-ku-als-trendwort/169308_434 3893844254_1558436601_o/ und blog.livedoor.jp/itabeya

74 Mit Genehmigung von Angela Washko

75 NurPhoto.com/Alamy Stock Photo

76 Peter Kovalev/TASS/Getty Images

78 David Coleman/Alamy Stock Photo

79 o Luis Sinco/Los Angeles Times/Getty Images

79 u Sundy Huffaker/Getty Images

80 Cristina Quicler/AFP/Getty Images

81 Agencja Fotograficzna Caro/ Alamy Stock Photo

82–83 Mit Genehmigung des Künstlers Nicolai Howalt und der Martin Asbæk Gallery, Copenhagen

84 Robert Fried/Alamy Stock Photo

85 Dan Kitwood/Getty Images

86 l Sleep Pretty in Pink, www.hearos.com

86 r Skull Screw Ear Plugs, www. hearos.com

87 l Freshbakedva.com

87 m Sweetbyholly.com

87 r Twitter

88 o domonabikeSpain/ Alamy Stock Photo

88 u Jed Leicester/Getty Images

89 Arisha Singh/Alamy Stock Photo

90 Satoshi Takahashi/Light-Rocket/Getty Images

91 l Pep Roig/Alamy Stock Photo

91 r Franck Metois/Alamy Stock Photo

92 Giulia Marchi/The Washington Post/Getty Images

93 UK Says No More

94 Nordicphotos/Alamy Stock Photo

95 o Matthew Horwood/ Alamy Stock Photo

95 u Brendan Bell/Alamy Stock Photo

96 Frederic J. Brown/AFP/Getty Images

97 Undrew Burton/Getty Images

98 Jd/Keystone USA/Shutterstock

99 *Neural Correlates of Sexual Cue Reactivity in Individuals with und without Compulsive Sexual Behaviours* von V. Voon, T.B. Mole, P. Banca, L. Porter, L. Morris, S. Mitchell, et al, 2014. PLoS ONE 9(7): e102419. doi.org/10.1371/ journal.pone.0102419

100 Satsuma Designs

101 Matt Alexander/PA Archive/ PA Images

102 ThinkProgress

103 o Reuters/Eva Plevier

103 u Reuters/Kim Hong-Ji

104–105 Shi Yangkun/VCG/ Getty Images

106 Kyodo News/Getty Images

107 Spencer Platt/Getty Images

108 Carolyn Drake/ Magnum Photos

109 Constantine Manos/Magnum Photos

110 Reuters/Chip East CME

111 o John Moore/Getty Images

111 u Peter van Agtmael/Magnum Photos

112 Courtesy Movember Foundation

113 Matt Rourke/AP/Shutterstock

114 Rob Walls/Alamy Stock Photo

115 o Halfpoint/Shutterstock

115 u DisobeyArt/Shutterstock

116 Promundo

117 o Andrew Spear/ The Washington Post/Getty Images

117 u Georges Gobet/AFP/Getty Images

118 Shi Yangkun/VCG/ Getty Images

119 Paul Morigi/Getty Images for Concordia Summit

120 Mustafa Yalcin/ Anadolu Agency/ Getty Images

121 Jewel Samad/AFP/ Getty Images

122 o Sebastian Vivallo Onate/Agencia Makro/Latin-Content/Getty Images

122 u Rob Kim/Getty Images

123 Jean Chung/Getty Images

124 Xinhua/Alamy Stock Photo

125 Gillette

126 o Queen's University, Kingston, Canada

126 u Hanaisha Lewis

127 Sundry Photography/Shut-terstock.com

128–129 Tim Clayton/Corbis/ Getty Images

130 Sean Gallup/Getty Images

131 o Reuters/Ulises Rodriguez

131 u Andrew Lichtenstein/Getty Images

132 Greg Wood/AFP/ Getty Images

133 Reuters/Zohra Bensemra

134–135 Saverio Truglia/ Chicago Tribune/ MCT/Getty Images

**Cover:** *vorn* Romastudio/ Dreamstime.com; *hinten* Biz Jones/Getty Images

# Register

Dank
Ich möchte meiner Frau und meiner
Tochter für die liebevolle Unterstüt-
zung während der Arbeit an diesem
Buch danken.

Vielen Dank auch an das Team bei
Thames & Hudson: Jane Laing,
Tristan de Lancey, Phoebe Lindsley
und Isabel Jessop.

Published by arrangement with
Thames & Hudson Ltd, London,
IS MASCULINITY TOXIC?
© 2019 Thames & Hudson Ltd, London
**General Editor** Matthew Taylor
**Text** by Andrew Smiler
This edition first published in Germany in 2020 by
Dorling Kindersley Verlag GmbH, München

Für die deutsche Ausgabe:
**Programmleitung** Monika Schlitzer
**Redaktionsleitung** Dr. Kerstin Schlieker
**Projektbetreuung** Carola Wiese
**Herstellungsleitung** Dorothee Whittaker
**Herstellungskoordination** Ksenia Lebedeva
**Herstellung** Christine Rühmer

**Übersetzung** Wiebke Krabbe
**Lektorat** Elena Bruns

ISBN 978-3-8310-4011-7

**Druck und Bindung** DZS-Grafik, Slowenien

www.dk-verlag.de